投資額500万円、
利回り10%超え、
ほったらかしの

“アパ宿”投資

～「京都、浅草」新ブランド立地での不動産投資革命～

兼業大家
白岩 貢

新築"アパ宿"

坪庭が特徴的な上下2世帯型

初の新築アパ宿物件。坪庭も設けた現代風町家を建築しました。
集客に大事な写真映えがするようなデザインを依頼。

京都駅徒歩圏ながら落ち着いた「和」の空間

フロント（帳場）を真ん中に挟む形で、1階と2階の入り口にわかれている。

京都駅徒歩圏
木造新築
戸建て（上下2世帯）

畳でくつろぐ旅館スタイルが外国人旅行客に人気

「畳に布団を敷いて寝てみたい」という需要に応えた旅館スタイル。大人数グループにも対応。

中古“アパ宿”

築30年の戸建てをフルリノベ

築30年の中古戸建てをアパ宿にフルリノベーションしました。
駅徒歩圏にして閑静な住宅地に、くつろげる和の空間を演出。

戸建てで過ごす京都の休日

水回りもすべて入れ替えて、築30年という古さをまったく感じさせない快適なアパ宿に仕上がった。

京都駅電車10分
私鉄駅徒歩4分
木造中古
戸建て（１世帯）

はじめに　～激変した新築ブランド立地戦略～

○ブランド立地は、世田谷・目黒から浅草・京都へ

２０１３年に訪日外国人旅行者数が１０００万人を突破したあたりから「インバウンド」という言葉を頻繁に聞くようになりました。

インバウンドの加速を追いかけるように、民泊ブームの到来です。民泊といえばマッチングサイトの「Airbnb」が代表的な存在ですが、２０１４年には日本法人として「Airbnb Japan」も設立されました。

「Airbnb Japan」発足から1年間の調査では、日本国内に年間２２１９・９億円の経済波及効果と2万１７９１人の雇用機会を生み出したそうです。

私は常々「商売をするなら人がいるところへ店を出すべき」と言っています。そのため、みんなが住みたいと思うブランド立地へのこだわりを持ってきました。

あくまで私見ではありますが、私はこのインバウンドブームが一過性のものとは考えていません。

恐るべき勢いで日本の人口が減少していく中、外国人訪日客を顧客と捉えて、まったく新しい投資をすべきだという考えにいたりました。

日本人に対してのブランド立地と外国人に対するブランド立地は違います。これまでの世田谷・目黒から、浅草・京都へ、大いなる方向転換をしました。

・浅草寺

・伏見稲荷

○トレンドと立地にこだわり続ける、白岩流新築アパート投資

私は父から相続したアパートと自分で企画した物件も含めて、世田谷・目黒を中心にアパート6棟61室と貸家4軒を所有する大家です。

その傍ら、大家さんと大家さん志望の方を対象とした勉強会を主宰し、アパートづくりのサポートも行ってきました。

14年前に相続したのは、アパート3棟、合計22室でした。そのほかに神奈川県川崎西多摩区に、約89坪の資材置き場だった土地があり、姉と二人で相続しました。2002年に、そこにアパートを建てることになりました。

その翌年、私のホームタウンであり、若者が憧れる世田谷・目黒の好立地に、同じく33平米のカップル向けの吹き抜けアパートを新築しました。私が土地から探し出して、すべてをプランニングした物件です。

・吹き抜けアパート

これまでにないオシャレで住みやすい新築アパートということで、相場よりも高い家賃にも関わらず、あっという間に満室になりました。

そこで、はじめて「地主でなくても新築アパートはできる」と確信を持ちました。

大家仲間やセミナーなどで知り合った投資家に自身のアパートの話をしたところ、「ぜひ、建てたい」「新築アパートを学びたい」と多くの声をいただき、サラリーマン投資家を対象とした勉強会をスタートさせました。それが、２００５年のことです。

今でこそ、新築アパートは融資も付きやすく、手軽に購入できる初心者向けの投資と位置付けられていますが、当時はサラリーマンが都内、それも城南地域で新築アパートを持つのは、夢のまた夢・・・と考えられていた時期です。

そして、私の仲間であるメンバーさんたちが次々と夢を実現しました。

私がはじめて手がけたアパートも、つくってから10年以上が経ちましたが、絶え間なく満室稼動を続けています。これは絶対の自信があり、今でも全く心配はありません。ただし、景気とともに不動産価格が高騰しだしてからは、同じ手法を続けるのが難しくなりました。

とはいえ、私のこだわりは立地です。それも東京でも絶対的に需要のあるブランド立地で、アパート経営をすべきという理念でやってきました。

これは理想論ではありません。一時期進出した北関東や静岡での失敗という、実体験に基づいた結論です。

立地に妥協をせずに収支の合うアパート経営とは何かをつきつめたときに、閃いたアイディアが、賃貸併用住宅とシェアハウスでした。

とくに女性専用のシェアハウスでは、バックひとつで簡単に引越しをする「新しい住まい方」に着目しました。

ここでも立地が重要で、世田谷・目黒から、さらにより良い立地として渋谷へと進出していきました。

・シェアハウス

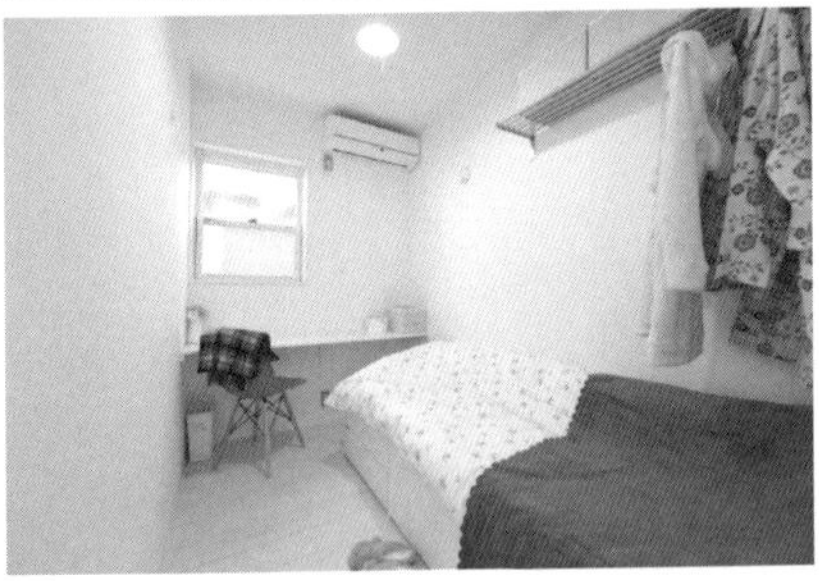

・賃貸併用住宅

○500万円から始められる「アパ宿投資」とは

女性向けシェアハウスは時流に乗ったのですが、またたくまにライバルも増えていきます。

競争力では他にはひけをとりませんが、ここ数年で都内の土地価格が上がり過ぎました。そこで、私は新たなる投資戦略を模索していました。

そんなときに出会ったのが民泊です。シェアハウスはバック一つで引越す女性ですが、旅行者もバック一つで数日の滞在をします。

外国人と考えると構えてしまうところもありますが、根本的なところでは同じです。良い場所に居心地の良い部屋を提供することです。

アパートであっても宿であっても大切なのはいかに稼働するかです。アパートであれば月々の家賃は固定ですが、宿であればオンシーズンもあればオフシーズンもあります。

いってみれば旅館業ですから簡単に儲かるということはありません。もちろんクリアすべき法令もあり、それなりにコストもかかります。

それでも、外国人旅行客は増えています。政府観光局によれば2015年の訪日外国人観光客数は、前年比47・1％増の1973万7400人で、過去最高だった2014年の1341万3467人を大幅に上回っています。

1000万人を突破した13年から2年でほぼ倍増しており、これで、3年連続で過去最高を更新したことになります。

これまで政府は2020年までに年間2000万人を目標としてきましたが、これがほぼ達成できたことから、2020年の目標を4000万人に引き上げました。

今や渋谷を歩けばハチ公に外国人旅行客がむらがり、スクランブル交差点で写真や動画を撮影しています。

新宿ではロボットレストランでジャパニーズカルチャーを堪能し、新宿御苑で日本庭園を楽しんでいます。

そして、私が次なるブランド立地に選んだのは、日本を代表する浅草、京都です。ここで、すでにアパ宿投資をスタートさせています。

関東と関西で離れているようですが、日本の歴史や文化が味わえる街であり、これぞ日本という魅力に溢れているのが共通点です。

この後、沖縄、金沢、北海道と日本全国の選りすぐりのブランド立地で、アパ宿を展開していきます。

1棟4000万円から5000万円。500万円で、共有の形で持つこともできます。

・「アパ宿」物件

利回りは新築でも12％から20％を推定しています。

仮に上下2戸で4000万円の新築アパ宿だとしたら、1戸につき1泊2万円で1ヶ月のうち8割稼働とします。すると1泊×2戸×25日で、売上は1ヶ月100万円になります。このケースでは年間売上が1200万円のため、表面利回りは約30％となります。

アパ宿投資では新築を中心に、中古物件のフルリノベーションも行っています。

なぜ、そんな高利回りが叩きだせるのか。それを皆さんにお伝えするために本書を執筆しました。累計250棟のアパートづくりで得た経験より根拠をもってご説明します。

やはり、店を出すなら、人がいるところに出すべきです。詳しくは本文にゆずりますが、本書はアパートの新しい形への提案です。すでに大家がただ部屋を貸していればいい時代は終わっています。その先を見据えてトータルで考えましょう。

興味を持たれた方は、どうぞ読み進めてください。得られるものは決して小さくないはずです。

白岩 貢

〈目次〉

第3章 減り続ける人口と増え続ける空き家 ～人口減少と空き家問題。いらない家の有効利用～

第4章 内需より外需、「宿」が足りない現実

～日本が「観光立国」になるために必要なこと～

第5章 成功のキーは「アパ宿投資」

～合法で民泊を行う、アパートを「宿」にする投資法～

第1章

ガラパゴス日本。インバウンドブームはオリンピックで終焉しない

～「ニッポンの文化」に惹かれる外国人リピーターたち～

人口激減の時代に日本の進むべき道は、どこにあるのでしょうか。

実は、政府の方針はすでに決まっています。また、伸びていく観光産業とそれに伴うホテル不足の問題も含めて、日本各地の可能性について考えてみたいと思います。

◇インバウンドブームのはじまりは２０１３年

２０１３年に日本の外国人訪日客は１０００万人を突破して、２０１４年は約１３４１万人に達しました。

伸び率はそれぞれ24・０％、29・４％と高いものでしたが、２０１５年はその伸び率に拍車がかかりました。

２０１５年の訪日外客数は前年比47・１％増の約１９７３万人で日本政府観光局（ＪＮＴＯ）が統計を取り始めた１９６４年以降、最大の伸び率となり、過去最高であった昨年を６００万人余りを上回り、１９７０年以来45年ぶりに訪日外客数が出国日本人数を上回りました。

これほど外国人旅行者が伸びている国は、世界広しといえども日本だけでないでしょうか。

政府は「２０２０年に２０００万人」を目標に掲げてきましたが、すでに達成も目前となり、訪日外国人観光客数の目標を年間２０００万人から４０００万人に倍増させることを決めました。30年には６０００万人を目指すそうです。

このインバウンドブームを振り返ったときに、マーケットが大きく変わったといわれるきっかけといえば、２０１３年に外国人訪日客１０００万人を達成したこと。そして、もう１つが同年の９月に東京オリンピック開催が決定したことがあげられます。

とくにオリンピックという、わかりやすい「目標」ができたことも大きな要因と言われていますが、私はオリンピックはさして影響を与えていないのではないか、と考えています。

というのも、２０１６年４月の訪日外国人数と、前年推移は次の通りとなっています。

国籍別で見れば、２０１６年４月の首位は中国で、前年比26・９％増の51万４９００人。次いで台湾が14・６％増の38万４２００人、韓国が16・１％増の35万３７００人

2016年　訪日外客数（総数）

＊本表で、通年の月別・市場別の推移が確認できます。伸率は前年同月比を表しています。

単位：人数(人)、伸率(%)

	1月	伸率	2月	伸率	3月	伸率	4月	伸率
総数	1,851,895	52.0	1,891,375	36.4	2,009,500	31.7	2,081,800	18.0
アジア計	1,609,529	58.1	1,675,599	39.6				
韓国	514,889	43.8	490,845	52.6	374,100	39.5	353,700	16.1
中国	475,116	110.0	498,903	38.9	498,100	47.3	514,900	26.9
台湾	320,963	47.9	348,971	25.7	328,400	18.2	384,200	14.6
香港	125,012	42.5	151,836	38.8	161,000	37.3	127,200	6.4
タイ	61,115	36.5	61,315	39.2	99,700	7.9	131,000	11.1
シンガポール	15,086	27.7	20,354	24.9	33,000	42.6	30,600	23.2
マレーシア	19,843	61.2	29,915	55.2	38,200	35.5	38,000	28.6
インドネシア	13,735	41.8	11,966	47.8	26,800	37.1	31,200	33.5
フィリピン	18,847	30.6	18,509	30.4	37,500	40.0	41,900	14.3
ベトナム	14,792	20.6	17,599	85.5	23,200	23.8	34,100	19.6
インド	9,637	24.0	7,155	19.6	9,700	17.9	11,600	26.0
マカオ	6,084	83.6	6,515	27.9				
イスラエル	871	29.8	782	8.3				
モンゴル	1,802	3.6	1,746	19.0				
トルコ	1,192	29.0	1,079	13.0				
ヨーロッパ計	76,718	22.1	81,686	17.2				
英国	17,616	17.2	20,057	12.9	34,700	37.7	28,500	5.4
フランス	12,077	20.3	14,502	21.3	22,100	22.2	34,000	25.2
ドイツ	9,659	16.0	11,279	14.9	21,100	14.8	18,100	15.6
イタリア	5,149	23.5	5,374	14.8	10,700	20.6	12,000	15.4
ロシア	4,257	5.8	3,202	15.1	4,900	-11.0	5,400	3.7
スペイン	3,017	20.6	3,028	7.9	8,700	37.4	6,400	17.0
スウェーデン	3,624	22.9	2,964	11.3				
オランダ	2,639	23.0	3,094	24.9				
スイス	1,916	14.3	2,151	16.3				
ベルギー	1,384	32.3	1,530	6.6				
フィンランド	1,866	24.3	1,903	35.8				
ポーランド	1,849	130.8	1,664	54.1				
デンマーク	1,350	12.9	1,493	22.0				
ノルウェー	1,350	21.2	1,307	17.5				
オーストリア	1,132	10.5	1,421	29.2				
ポルトガル	1,110	42.9	1,127	12.3				
アイルランド	1,162	24.1	1,151	23.8				
アフリカ計	2,445	35.8	2,059	17.9				
北アメリカ計	96,753	23.0	87,710	13.0				
米国	75,909	22.3	67,616	14.3	116,200	21.5	114,200	19.1
カナダ	17,681	24.1	17,492	7.3	26,600	22.9	23,100	5.6
メキシコ	2,288	35.1	2,060	22.8				
南アメリカ計	4,924	23.2	4,270	31.1				
ブラジル	2,316	0.6	1,577	-7.7				
オセアニア計	61,143	16.6	39,982	17.9				
豪州	56,075	15.4	35,858	18.3	41,800	43.3	39,700	16.6
ニュージーランド	5,049	28.4	3,885	11.8				
無国籍・その他	83	56.6	69	13.1				

出典：日本政府観光局（JNTO）
「国籍／月別 訪日外客数(2003年～2016年)」より
http://www.jnto.go.jp/jpn/statistics/visitor_trends/

※3月-4月の数値は推計値である。

となり、香港を加えた東アジア４ヶ国で全体の６割以上を占めています。

その他、台湾、タイ、インドネシア、フィリピン、ベトナム、インド、フランスで単月最高を記録。伸び率ではインドネシア(33・5％増)、マレーシア(28・6％増)、インド（26・0％増）などが特に好調でした。

１月からの累計でいえば、中国が49・5％増の１９８万７０００人で２００万人が目前となり、韓国は38・４％増の１７３万３５００人、台湾が24・８％増の１３８万２５００人となっています。

日本政府観光局の報道資料によれば、４月の訪日客数については、特に韓国で熊本地震の影響による伸び悩みが見られたものの、桜の季節で訪日需要が高まりをみせ、全体的には昨年を上回る結果だったとされています。

たしかにオリンピックイヤーともなれば、開催国の注目度も高く、全世界から人が押し寄せることが想像できますが、このように毎年どころか毎月、外国人旅行客が伸びているのは、また別の理由があると思います。

◇日本人が思うほどオリンピックは重要でない

そもそも日本人が言うほど世界の人は、オリンピックに興味を持っていないと思います。ワールドカップの方が注目度は高い印象を持ちます。

また、円安効果とも言われていますが、そればかりでもありません。

実際何がインバウンドブームのきっかけかというと、私はやはり、インターネットの普及が大きいと思っています、それから、やはりLCC（ローコストキャリア）の影響です。

アジアの格安航空会社の印象が強いように感じますが、これはもう世界各国に、安い航空会社がたくさんあります。

日本の感覚でいう長距離バスや新幹線より安いぐらいです。これで誰でもが海外旅行へ行きやすくなりました。

1955年頃には、世界では年間2500万人ぐらいしか海外に行っていませんで

世界各国、地域への外国人訪問者数ランキング

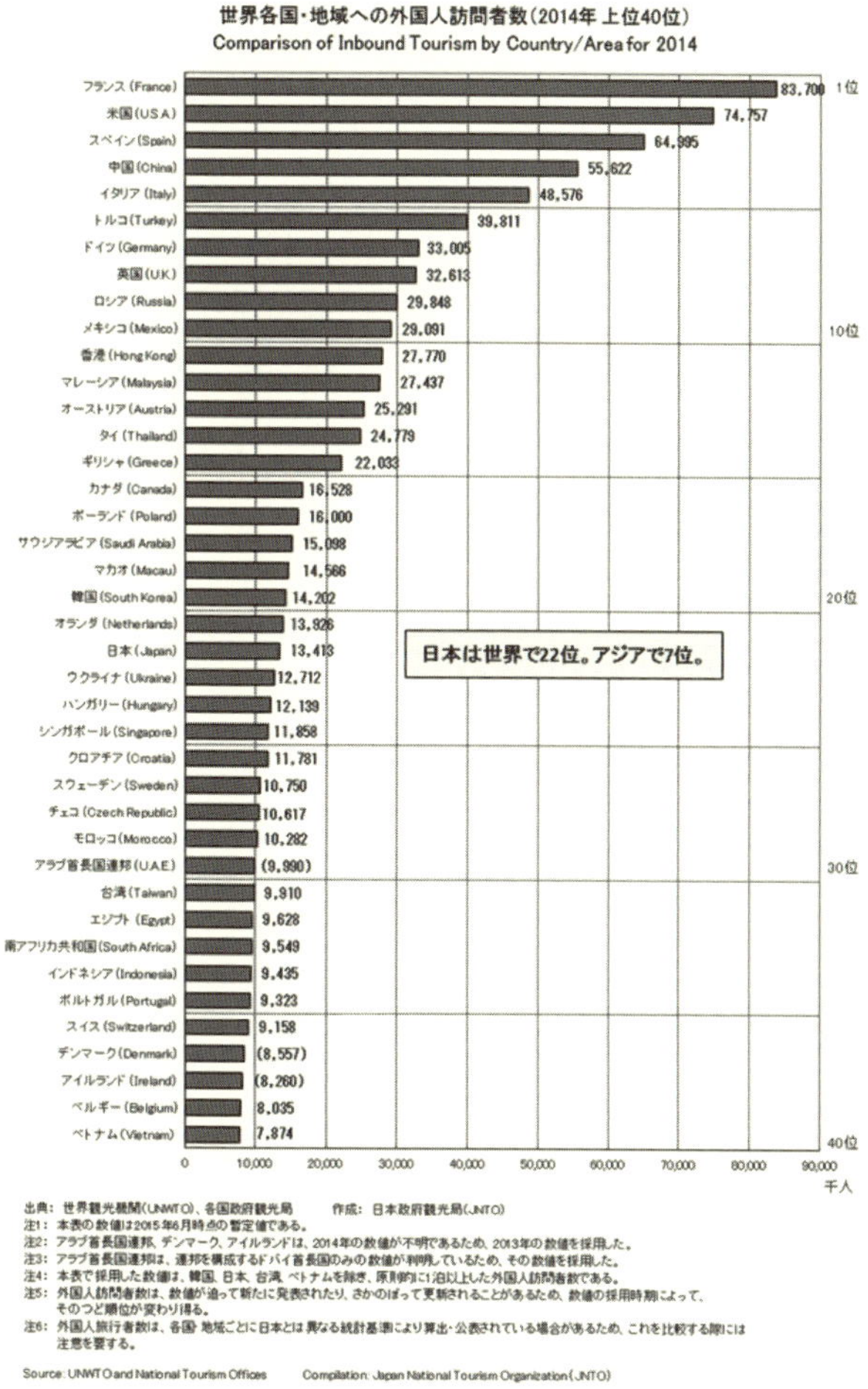

出典：日本政府観光局（JNTO）
http://www.jnto.go.jp/jpn/reference/tourism_data/pdf/visitors_ranking.pdf

した。それが、2020年に18億人という予測になっています。

◇フェイスブック、インスタグラム、ユーチューブでの口コミ

さらに大きな要因としてはSNSがあります。SNSの役割というのは自然発生的で、国の観光政策云々とは関係ありません。

日本では「LINE」や「ツイッター」の利用者が多いですが、世界的に使われているのが「Facebook」「インスタグラム」「YouTube」です。

私は3、4年前からSNSをチェックして、いろんな世界のニュースを見ていく中で、熱狂的ともいえる日本ファンの外国人の存在を知りました。

「日本に恋した」「また日本に戻りたい」など、こんな世界中の人々が日本に興味を持っていたことに驚きました。

お恥ずかしい話なのですが、東京生まれの私は京都にある伏見稲荷大社を知りませんでした。

2年以上前に、欧米の人がきれいな音楽を入れて、朝の伏見稲荷大社を撮っているビデオをユーチューブで見ました。連なる千本鳥居が美しく、非常に神秘的な素晴らしい映像で、「これはなんなんだ」と思いました。

それで私は、すぐに伏見稲荷大社に出向いたのです。平日にも関わらず、そこにはたくさんの外国人旅行客がいました。

他にも、東京駅で見られる新幹線の清掃の様子や、電車が定刻通りに到着するところ、朝のラッシュ風景など、一般的な観光地の他に、日本の珍しさを伝えた動画が無数にあります。

近年の日本は、技術やサービスで独自の進化をとげることにより、世界の標準からかけ離れてしまう現象が見られています。

これはガラパゴス化と呼ばれていますが、外国人旅行客は、そんな日本をおもしろがっています。

その趣味嗜好はバラバラで、アニメや漫画好きならば、秋葉原や中野を巡りますし、千駄木など下町の商店街を歩く人もいます。

たしかに日本には文化もあれば自然もあります。そして美味しい食事もある。そうして、彼らが見ておもしろかったもの、感銘を受けたもの、ありとあらゆる映像がアップされて、それを見た外国人が「行ったことがある！」「ぜひ、行ってみなくちゃ！」とコメントをするのです。

特に日本人は、日本の町並みがきれいだなんて思わないですが、「美しい！」と驚かれます。

それは、景観が良いという意味ではなくて、清潔に保たれていることも指しているのです。

たしかに駅を見ても、道路を見ても、公園を見ても、ゴミが散乱していることはありません。

私達は気にしていないですが、ゴミ箱がないのにゴミがない。それは世界から見れば「当たり前」ではないのです。

その目のつけどころがやはり日本人とは違うわけです。あきらかにガイドブックで紹介されている世界とは違います。

私はこれらを見て「実は日本ってすごいんだな」と改めて認識したわけです。

中国人のコメントで、「居酒屋に行ったら跪いてオーダーを受けた」とあります。彼らのコメントを見れば「人生で最高の経験をした」、「王侯貴族になったみたいだ」と感動しています。日本人には普通でも、外国人にとってはすごいことなのです。

結局、みんながそれをFacebookに載せたり、ツイッターでつぶやいたり、インスタグラムに写真をアップすることで、自分が体験したことをシェアするのです。

要するに「日本って、いいぞ」というのが広まっていき、それを見てやってきた旅行客がまた「やはりいいぞ」とコメントして、どんどん全世界に情報が拡散されていく・・・。まさに口コミが起爆剤になっていると感じます。

◇キーとなるのは「アジア」の経済成長

こうしたインバウンドブームの背景には、訪日外国人客の8割を占めるアジア各国の経済成長があります。

海外旅行者が急増すると言われているのは、年間所得3000ドル以上ですが、そういった国々が増えているのです。

そこに円安、ビザ緩和、交通面で言えばLCC（ローコストキャリア）や大型クルーズ船の就航が相まって、訪日客激増という現象を起こしています。

つまり、国内外の情勢の変化がいくつも重なって、空前とも言えるインバウンドブームを巻き起こしているわけです。


アジア各国からすれば、日本は身近な先進国です。

単に都会の街というだけでなく、リゾートで自然を楽しんだり、ショッピングする場所であったり。少し背伸びしないと行けないという要素がありますが、昔に比べれば格段に安く行くことができて、それこそ動きやすくなりました。

今までは憧れていたけれど、一生かかっても行けない国、もしくは出稼ぎに来る国だったのが、ある程度、お金を貯めれば遊びに行くことができます。

昔の日本人のハワイ感覚なんだと思います。

敷居が下がって少し頑張れば来られるというのもありますし、来たら買い物もそんなに高くはないわけです。

あとはASEANの地域を調べると、まだまだ貧富の差が大きいのが現実です。日本も格差社会と言われていますが、発展途上にある国こそ貧富の差が激しいものです。貧富の差があるから故に、お金持ちの桁が違います。こういった方々の消費が大きいのは当然ですが、注目するのはその下の中産階級です。

どこの国にも富裕層はいますが、旅行人数を押し上げるのが、中産階級の存在なのです。

経済が５％ずつ上がるだけで中産階級ができます。彼らは、決して金銭的には余裕はある層ではありませんが、所得の金額に比べて消費意欲はいたって旺盛です。

日本では中産階級が減っていると報じられていますが、アジアの各国ではでいえば、中産階級が増えています。

経済が全体的に底が上がって、中産階級ができたことが大きな変化で、そこにビザの緩和やＬＬＣという交通の便が加わって、今までだったら海外旅行にいくなんてとても無理だった層も、カップルや家族で楽しく旅行ができるようになったのです。

◇まだまだ伸びしろのある中国人マーケット

中国人旅行客による「爆買い」が、2015年の現代用語の基礎知識選・流行語大賞を受賞したことはまだ記憶に新しいと思います。

インバウンドを語るにおいて、中国人旅行客のの存在は大きなものです。

CFKマーケティングサービスジャパンによれば、2015年の中国人の海外旅行者数が1億9000万人に上ったという調査結果があります。

消費額は2290億米ドルとなり、旅行者数、消費金額の両面で、世界のトップレベルであることは間違いありません。

彼らの渡航先では1位は韓国（2011年比12％増）、2位タイ（同263％増）、3位香港（37％増）、4位日本（57％増）、5位台湾（54％増）となっています。

2013年までは、距離が近く旅費が安くて、ショッピングが楽しめる香港がもっとも人気を集めていたそうですが、2014年以降は買い物だけではなく、歴史や文化的な渡航先を好む傾向が強まってきたといわれています。

２０１５年で訪日したのは４９９万人ですから、今後もまだまだ訪日客数は伸びていくでしょう。

中国では何十年もかけて貧困層をなくす努力をしています。

それは貧困層が多ければ、政府に対して不満が募り、結局のところブーメランとなって共産党政権に返ってくるからです。

そもそも、すべての中国人の戸籍は、農村戸籍と都市戸籍に分けられています。都市の人間かそれ以外という区別があり、中国では農村から都市への移動は厳しく制限されているのです。

日本人のように自分の意思で勝手に引っ越ししたりはできず、出稼ぎといった形で都市で働く農村戸籍の労働者は、充分な社会保障が受けられません。これを是正してゆく動きが出ています。

◇中国の経済特区で見た中産階級

私は先日、中国の深圳市を訪れました。

広東省に位置する副省級市で、香港の新界と接し、経済特区が最初にできた場所でもあり、工場地帯となっています。

聞けば30年前は人口3000人の漁村だったそうで、それが、今や人口1500万人に迫る勢いです。

彼らの年収は共働きでは年収900万円。副業を入れると年に1200万円だというのです。

これが中国の中産階級です。お金に余裕があるから、教育にもお金をかけます。

日本人経営の子供のサッカースクールは、月謝が2万3000円。そこに、普通に来ています。

他にも日本人で台湾人と結婚した方が、美容関係のビジネスをしています。チラシをつくって知人の病院に置いたところ、日本旅行を兼ねたエステと健康診断を組み合わせた50万円のツアーに対して、50人もの申込みがあったそうです。

このように、中国の人たちはどんどん金持ちになっているのですが、自国の物を信じていません。

口にする物を信じていなければ、医療もそうです。中国ではコネがないと良い技術のある病院に行けないのです。

都市部の中産階級が底上がっている中、自国のものが信じられない中国人は、「ニッポンブランド」を信じるざるをえないのです。

それで日本の家電や食料を爆買いもするし、土地を買ったり、マンションも買います。ビジネスにも来るし、健康や美容にもニーズがあります。

中国人から見れば、日本はまったく違う国なのです。

香港、台湾は似たような印象を抱きますが、日本はまったく別の世界。

メイドインジャパンのブランドもあり、それ以外の楽しみもある。だから何度もリピートするのでしょう。

余談になりますがソフトバンクの孫さんが、中国でタイムマシン経営すればいいと話していました。

アメリカで流行ったことが遅れて日本にくるから、あらかじめ流行がわかるといいます。それと同じようなことが、中国でもできるわけです。

深圳に行ってわかったのは、中国人は本当に豊かになってきたという事実。「生活が満たされたときに、何を求めるか？」ということです。

中国には、本当にサービスの概念がないのです。対して日本はサービスが成熟しています。

ということは、日本にはそのサービスがあるわけですから、日本の魅力である食・文化・自然に合わせてサービスを提供していけば、まだまだ伸びしろがあると考えます。だって考えてみてください。中国人が人口の5％来たら、どれくらいになりますか？中国は1％だって1300万人。リピーターを入れて5％になったらどうなるかわかるでしょう。台湾はすでに、6人に1人が日本に来ています。

今後、日本のインバウンドが右肩上がりであることは、決して夢物語ではないと考えています。

◇ニッポンの魅力①　～渋谷スクランブル交差点の奇跡～

ここからは外国人旅行客を惹きつけてやまないニッポンの魅力をご紹介しましょう。

渋谷のスクランブル交差点。映画のシーンみたいに、ワザと真ん中に止まって映像を撮っている外国人がいます。これも数年前から異常に増えてきました。

このスクランブル交差点について、面白いコメントがありました。

「こんなにたくさんの人が渡って、なんで誰もぶつからないんだ？」

あるオーストラリア人が「これ、うちの国だったら殴り合いのケンカが始まってる」とも言っていました。

ＳＮＳでは「奇跡だ！」というコメントがついていましたが、日本人は確かにうまくよけています。

また、渋谷駅でいえば、スクランブル交差点の撮影ポイントとして、井の頭線の通路だと紹介されています。

「スタバからもよく見えるよ」というような口コミ情報はSNSでどんどん拡散していくのです。

彼らは電車で迷子になっても、逆にそれを楽しんでいます。

例えば新宿駅だけで一日の利用者が400万人と言われています。

するとノルウェーの人が、「うちの国の人口と同じじゃねえか」とコメントしていて笑いました。

品川駅の通勤風景。駅の通路の上にスターバックスがあるのですが、毎日そこから外国人旅行客が、朝の通勤風景を撮影しているのです。

みんな静かに同じ方向にサッサッサっと歩いていく風景が、とても珍しいようです。

定刻通りに発着する電車、清潔な車両にその静けさ。また、交通ルールを守る車にも驚きを隠せません。

◇ニッポンの魅力②　～世界ナンバーワンの治安の良さ～

日本人が外国に行くときにガイドブックを見ると、「夜の1人歩きは危険」「ひったくりに注意」といった治安に対する注意喚起が必ず書いてあります。

これが、外国人向けの日本のガイドブックには、「治安については問題がない」「家族連れに向いている」と書かれているそうです。

日本にもホームレスはいますが、例えば夜のセンター街に、幼稚園児や小学生の子供を連れた家族が歩いても心配はありません。

新宿歌舞伎町のようないわゆる歓楽街でも、特に危ないことはなく観光客は街歩きを楽しめるのです。浅草、秋葉原も同様です。

これが世界の繁華街で観光に行った先で、外国人が小さい子を連れて歩けるのかといえば、なかなかそうはいきません。

その他、主要道路ではない路地であっても清掃が行き届いており、道に穴が開いていない、ゴミが落ちていない、交通のマナーが良いといった点は高く評価されています。

韓国には車庫証明の仕組みがなく、ソウルなどの大都市では路上駐車が当たり前です。やはりSNSで韓国人が日本の住宅街を見て「すごい、車が停まってない」と驚いています。

路駐に溢れた街は、救急車も消防車も通れません。

細部にわたってきちんとしている・・・そういった点もまた日本の魅力と考えられています。

町並みはそのものを見れば、日本は決して視覚的に素敵とは思えませんが、朝から夜まで安心して歩ける街であることは大きな強みです。

女性1人であっても、小さな子連れでも心配なく歩ける街は世界にはそう多くないのですから。

◇ニッポンの魅力③　～フランスを超えた美食の国～

日本が世界に誇れるものといえば、食べもの。

ミシュランガイドは、フランスのミシュラン社により出版されるガイドブックの総称ですが、代表的なものとして、レストランの評価を星の数で表すことで知られる「レストラン・ホテルガイド」があります。

現在、日本でのミシュランの星付きのレストランの数は、本国フランスを超えているそうです。

本場よりも美味しいといわれるイタリアン・フレンチ・中華などなど。

さらに日本食は細分化し過ぎていて、それこそ、そば、うどん、うなぎ、懐石もあれば、寿司もあり、それこそ和食といっても沢山の選択肢があるわけです。

また、ラーメンやカレー、オムライスやナポリタンなど日本独自に進化した洋食もあります。

日本の各地、そこでしか味わえない名物料理もありまから、それこそ一度の滞在では食べきれません。

高級な料理はもとより、ワンコインで食べられるB級グルメがおいしい国というのは、そんなにありません。

インスタントラーメン、カップラーメンの評価も高いですし、コンビニで売られる、おにぎりやサンドイッチ、おでん、惣菜パンなどの軽食にも外国人のファンがいます。

◇ニッポンの魅力④　～美しい国、ニッポン～

日本は南北に細長く、北は亜寒帯から南は亜熱帯まで幅広い気候帯、豊かな降水、そして四季があるのが特徴です。

また周囲を海に囲まれ、多様な気候と地形によって、日本には多くの種類の植物が生育しています。

美しい棚田や苔むした日本庭園、四季折々の花など、日本の自然に対しての評価は高いものです。

春を象徴する桜はもちろん、宴会で盛り上がる「お花見」を日本人と共に楽しむ外国人もいます。

また、田舎でなく都会を流れる川であっても澄んでいます。

これはアジア、とくに中国人からのものですが、「水がきれいだ。水道から出る水が飲める。公園でも、もうどこ行っても飲める、すごい」といいます。

基本的にアジア人には生水を飲む習慣がないのですが、飲める水ときれいな空気がタダ同然というのは、他の国、特に中国などではありえないことだそうです。

なにせ中国では、ミネラルウォーターでさえ怪しいと思われています。

さらに「東京の青空はすごい」とも言われます。中国人は「なんでこんな大都会で青空が見えるんだ」と感動するのです。

やはり国によってその捉え方が違って、これらは欧米人はあまり注目していない部分です。

◇ニッポンの魅力⑤　～世界に誇る伝統的な文化～

もう1つ中国人からすると、珍しく思えるのが伝統文化です。中国では文化大革命で伝統的なものや文化的なものが壊されてしまっています。

奈良にある唐招提寺を見て「唐の建物がある」「すごい残ってる！」と、感銘を受ける中国人はたくさんいます。

韓国もそうでしょう、そういう文化的なものを、壊してしまっています。漢字も捨ててハングルになっています。

日本でも後継者の問題はありますが、基本的に希少な技術を持つ職人は尊敬されています。

中国や韓国に関していえば、文化や技術が継承されにくい価値観をしています。手に職を持つのは下の階層の人、中国もそうなのですが、儒教の考え方が影響しているようです。

有名な話でいえば、李朝のときにイギリス人が来て、テニスをやって見せたところ「なんであれを召使いにやらせないんだ？」と聞いたというエピソードがあります。そういう感覚です。

豊臣秀吉が、唐の陶工を多数連行したといわれていますが、当時の朝鮮では、誰も陶器に署名を入れていなかったそうです。

それが日本では職人の作品には必ず署名があります。腕の立つ職人のサインが入った陶器には価値があるからです。

なにより日本は継承し、長く続けることに重きをおく文化です。

２００８年に韓国銀行がまとめた報告書によれば、調査を行った２００８年時点で２００年以上の歴史を持つ老舗企業は、世界41ヶ国で５５８６社あり、そのうち日本は３１４６社と全体の５割を超えていました。

世界最古の企業は、５７８年創業の「金剛組」。約１５００年の歴史を持つ、大阪市にある建設会社です。

世界2位の企業は山梨県の「旅館・慶雲館」。３位も温泉旅館で７１７年創業の「千年の湯古まん」と、ベスト3もすべて日本企業です。

なぜ日本にはこれほど老舗企業が多いのでしょうか。

それは、ヨーロッパや中東、中国などの大陸国家に比べて日本は戦乱が少なく、それらによるダメージを受けることもあまりなかったからと言われています。

また、世界最古企業の2位と3位が温泉旅館だということは、山奥にある旅館だからこそ、戦乱の影響もそこまでは及ばなかったのだろうと推測されます。

いってみれば、日本という国自体が辺鄙な東洋の果ての国であり、かつ島国で異民族の侵入のリスクにさらされる可能性が少なかったからでしょう。

つまり地理的条件に恵まれているのです。

このように外部と遮断された地ゆえに「ガラパゴス化」しやすいのだと思います。

もちろん長寿企業の条件はそれだけではありません。

やはり日本人の勤勉性があげられます。仕事に手を抜かず、一途に打ち込む国民性で、暖簾に磨きをかけて次世代に渡すことが美徳とされてきました。

韓国人にすれば、大学を出てそば屋の跡継ぎになるのは信じられないようです。暖簾を守る・・・そんな概念はないのです。

これも文化の違いです。

だからこそ、海外から見れば、日本文化はガラパゴスな文化。全く昔のままで残っているものがあり、それが日本の魅力をつくり出しているのです。

◇ニッポンの魅力⑥　～旅人を相手にぼったくらない～

あと、日本が誇っていいのは、ほとんどのお店に「外国人からぼったくる習慣がない」ということです。私は、これはすごいことだと思っています。

多くの国は外国人と見るとぼったくります。

日本でも観光地価格があり、土産物屋とスーパーがあれば、土産物屋の方が高いですが、それは日本人でも変わりはなく、人を見て値段を変えたりはしません。

ツアーに組み込んでいる土産物屋でぼったくりのお店もありますが、それは日本人経営の店ではないケースが多いようです。

そもそもアジアの国々では、ツアーに土産物屋を組みこんで、そこからお金を落ちる仕組みになっているところはいっぱいあります。

日本人が参加する海外のツアーでも、同様の経験をされた方もいらっしゃるでしょう。

それはツアーそのものを安くしすぎているので、土産物屋からのマージンがないと採算が合わない仕組みになっているのです。まさしく構造悪です。

そのせいもあってか訪日中国人客の団体ツアーが、去年と今年では激減しています。

これは、ぼったくりの土産物屋が組み込まれていることに観光客が気づいたからです。

その代わりに個人旅行でやってきて、ぼったくられない店で、安心して自分の好きな買い物ができるのです。

かつて日本人も同じ道を通りました。最初は団体ツアーからスタートして、今は旅行会社のツアーだとしても、フリーツアーが主流です。

このように各国が成熟していくのだと思います。

その際に、ぼったくりのない日本は、外国人旅行客を惹きつける魅力の一つになると思います。

◇為替はインバウンドにどう影響するのか

今後、為替の状況が変わっても、外国人旅行客は変わらず来るだろうと思っています。例えば、私達が２４０円や２５０円のときでも、パリへ行っていました。行きたい人は行くという話です。

決定的な違いはＬＣＣの存在です。

私たちが20歳ぐらいの時は、ヨーロッパへ行くにはエアチケット代で25万円、30万円しました。

私は21歳のときにヨーロッパを巡ったのですが、１番安いチケットを探した結果、南回りのパキスタン経由でした。それでも28万円くらいしました。

ソウル、マニラ、そこからパキスタン、ダマスカスとぐるりと南回りでローマに着く便で、30時間もかかりました。

当時はアンカレジ経由というのもありましたが、北回りの直行便は高く最低35万円はかかるのです。

それが今では、ヨーロッパ行きが安い時期を狙えば6万~7万円で普通にチケットがとれます。

アジアの国々であれば、もっと簡単に出かけることができます。だから円安でも円高でも、行きたければ行くということだと思います。

◇オリンピック後の需要を考える

為替の影響と同様に懸念事項とされるのが、オリンピック後の動向です。

私はオリンピックが終わっても、この需要はそんなに減らないと考えます。

よく、もっともらしく言われるのが、東京オリンピックがインバウンドの原因ということです。

そうであれば、たった今、日本に訪れている外国人旅行客はなんのために来ているのでしょうか。

訪日旅行客数の国別推移

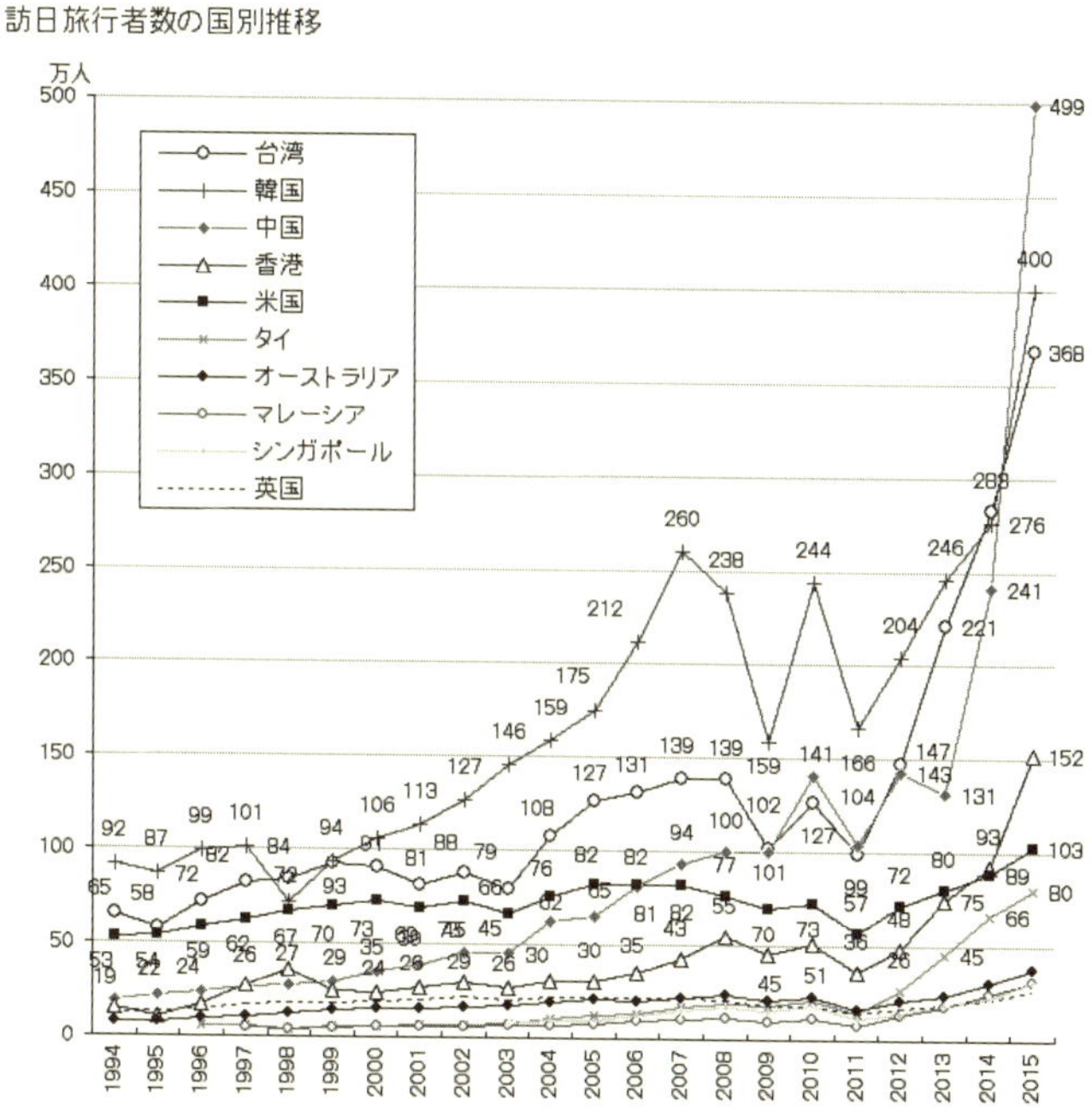

（注）最新年次JNTO推計値 （資料）観光白書、日本政府観光局（JNTO）

出典：統計データ（訪日外国人）
　　http://www.jnto.go.jp/jpn/reference/tourism_data/visitor_trends/

※データは国のものですが、表はhttp://www2.ttcn.ne.jp/honkawa/7200.html から

オリンピックはたった3週間のお祭りです。

だからその話はあまり意味がありません。私は大きな要因として先述したようにインターネットとLCCだと考えています。

また、加えていくならば、円安、ビザの緩和。それからアジア各国の経済発展です。


国によっても様々で、台湾は約2300万人の人口で約400万人が日本へ訪れています。人口でいえば6人に1人です。

台湾人が書いた本には「爆買いなんか20年前からやっていたよ」とありました。

日本人も総じて台湾には好感情を抱いており、旅行に行く人も多いですが、6人に1人を日本に換算したら約2000万人が行くわけです。

何しに来るのかといえば、日本が好きだから。ショッピングやお花見、日本を気軽に楽しみに来ています。人によっては何度も来ているといいます。

台湾は一例ですが、アジアの国々から「身近にある魅力的な国」と好まれて、個人旅行で何度も訪れる・・・というのが、日本旅行のあり方ではないかと思います。

そこにはオリンピックは一切関係ありません。

歴史、文化、食事、自然。この4つが揃っている国は、世界を見渡してもそう多くないといいます。

独自の文化と効率、そして成熟した社会。日本人にとっては普通で当たり前のことが、とても珍しく魅力的なのです。

それをこれまで日本人は、意識していませんでした。

でも、世界は日本の魅力に気づきはじめました。

つまり、一過性のものではなくて、日本独自の魅力といろんな要素が深まった部分があって、今の人気につながっているのです。

【「アパ宿」座談会・前編】

民泊ブーム到来！ 激化する競争と増加するトラブルへの懸念

【対談者プロフィール】

・白岩貢（本書著者）：兼業大家。不動産投資アドバイザー。

・三浦剛士：通称、民泊先生。旅館業を取得し且つ国策の空き家・空き室問題、インバウンド政策（観光立国）の両方にも合致した新不動産投資法“簡易宿所”投資を推進中！
◎民泊先生　民泊投資専門コンサル
http://www.kanisyukusyo.com/

・板垣ひろ美：デザイナー。主婦歴25年、3人の子どもの母。著書に『ふわふわ主婦のインバウンド旋風で儲ける「おもてなし」不動産投資』（ごま書房新社）がある。
◎板垣ひろ美のおもてなし不動産投資
http://www.itagakihiromi.com/

すでに民泊破綻まで！失敗も多い現状

三浦：昨年の訪日外国人は1974万人、今年は2000万人を突破するであろうと推測されていますね。

白岩：今はホテルもすごい状態ですよ。ここに国がまとめた「地域の経済」という資料があります。これによると、都市部にあるシティーホテルの平均稼働率は79・9％です。内訳をいうと1位は大阪府で88・1％、2位は京都府の86・2％、3位が愛知県の84・0％。東京都が83・8％ですから、地方都市のパワーに圧倒されますね。

これだけ稼働していれば予約が取りにくいのも当然です。「ホテルが足りない！」と騒がれ、それで「民泊を予約しよう」という流れもあります。事実、民泊を利用する人が急増していますが、じつは、それ以上に部屋が増えているのが現状ですね。

三浦：基本的には訪日外国人の数が毎月更新されていますが、おそらくAirbnbを運営しているホストは実感できていませんね。というのも物件数が増えすぎて過当競争に陥っているからです。

白岩：民泊が飽和状態となり「やっても儲からない」という話をよく耳にするようになりましたね。まず、ビジネスセンスのない人にはキツイ。つい先日の話ですが、1000万円の借金抱えて民泊破産をしてしまった話を聞きましたよ。

板垣：転貸で破綻ですか？

白岩：そうです、全部で9部屋、プラス事務所として1軒屋を借りていました。しかし毎月赤字になり、親やカードローンなどお金を借りてなんとか運営していましたが、とうとう1000万円の累積赤字を出して破産してしまったそうです。

三浦：もともと民泊が流行っている背景にあるのは、物件を購入せず、借りた物件でできるというのが理由にあると思います。つまり初期投資が少なくて済む。その代わりに家賃というランニングコストがかかるわけです。

購入した場合でもローンを組めば月々の返済はありますが・・・。転貸で破産するというのは珍しいケースではありますね。

白岩：苦戦するケースの多くの理由は立地ですが、破綻した民泊は立地に恵まれていました。しかし、残念ながら工夫のない部屋でしたね。リサイクルショップで買ってきた家具や家電を部屋に設置していました。

板垣：まだリスティングが少ない頃であれば、それで良かったのでしょうが、今のように数があると部屋の見せ方やインテリアも工夫しないと厳しいと思います。

三浦：Airbnbができたのが4年前の2012年です。はじめたばかりの頃は、ライバルが少ない中、部屋を貸していれば、お客さんがやって来る・・・そんな状態でした。

民泊は昨年、かなり数を増やしています。

その前から行っていれば、どんな物件でもある程度人が集まっていました。今は渋谷だけで3万5000軒もある状況ですから。

板垣：それは、すごい数字ですね！　部屋が増え過ぎて、あの手この手と工夫をしたり、料金を下げるようになったのですね。

白岩：これはシェアハウスのポータルサイトを運営している社長から聞いた話ですが、「民泊用にはじめたけれど、お客がこないのでシェアハウスに転用したい」という相談が増えているそうです。しかし、そういった部屋は狭くて使いにくくてシェアハウスにも不向きです。

数日滞在する旅行客が選ばないのに、長期にわたって済む人が入るわけがありません。安易にはじめて後悔している人が多い印象を受けます。

民泊へのニーズはあるのに・・・

白岩：ただし、外国人旅行者の民泊へのニーズはすごくあるわけですよ。その主となる動機は、リーズナブルであること。それからホテルではなくて「日本の家」に泊まれることです。

板垣：せっかく日本に来たのだから、やはり「日本情緒のある部屋に泊まりたい！」という方は大勢いますね。それと人数的にも1人や2人ばかりでもない。特にアジア人は家族、親族ぐるみの旅行客が多いから、それだけの人数が収容できる部屋を望んでいます。

三浦：その通りです。利益を追求していくと部屋を狭くして数をとるしかありません。それはアパートもホテルも同じです。都市部のホテルはツインが基本ですし、リーズナブルなビジネスホテルはシングルも多くて家族には不向きです。しかし、日本旅館に泊まるとなれば宿代が高くなってしまう。

白岩：そもそも旅行に来た4人家族が2部屋に別れるなんて残念ですよね。旅行客からのニーズが多様化しているのに、日本の都市部のホテルは意外と考えてくれないような気がします。

和室のある旅館も都心部は少数で、値段も高いから気軽に泊まれませんよ。そういった状況で、様々なスタイルが用意されている民泊は商品価値が高いと思いますね。ただし、決まりきった運営をしている人は失敗をする要素が高いと思います。

三浦：失敗をする人は圧倒的にリサーチ不足ではないかと思います。

板垣：周辺の状況を見ていないのですね。

三浦：リサーチするのはさほど難しくありません。Airbnbではライバル物件や近隣の物件を見ることができます。値段をどのようにしているのか、部屋の設備、アメニティなどを確認できます。

白岩：そういうセミナーや書籍も多いのでしょうが、ラクして儲かる・・・みたいな方向で煽られ過ぎている気がします。中には、「大家さんにバレないように転貸して儲けよう」みたいな安易に民泊をすすめるセミナーもあると聞きました。アパート経営を能力のない人がやって失敗するようなものです。ビジネスに向いていない人がやってはいけないと思います。

板垣：最初は何となくやったら、うまく行ったけれど、今は続かないのですね。

白岩：そう甘くないですよ。

三浦：しかし、まだ工夫の余地はあるかなと思います。アパートの家賃は日毎に変動させられませんから。せいぜい繁忙期に少し高めに、あるいは安く下げるくらいです。でも民泊はもっと細やかな設定ができます。ゲストに対してアピールする方法はいくつかあると思います。

民泊ホストが書類送検！

白岩：最近はニュースになるくらいトラブルやクレームが多発しています。クレームについては山ほどありますよ。知人のAirbnbで起こった話ですが、ゲストが宿泊先のマンションまでタクシーに乗って降りた瞬間に、近隣住民に写真を撮られるケースがありました。

板垣：どういうことですか？

白岩：どんなお客さんが泊まっているのか、それを写真に撮り、証拠として警察へ提出するために写真を撮るのです。もう保健所、区役所、警察、区会議員、町会長、近隣の人、それこそありとあらゆることに対応する覚悟が必要です。

板垣：みんな怒っているわけですか？

三浦：その話はよく聞きます。

白岩：写真を撮られたケースでは、気分を悪くしたゲストはキャンセルしてしまったそうです。ゲストだけでなく、タクシーのナンバープレートを撮って運転手さんに、「あなた、ここにお客を運んだでしょ！」と、警察へ証拠として提出するわけです。

板垣：しかしタクシー運転手は何の罪もありませんよね？

白岩：いろいろ情報収集しておいて、警察へ旅館業法違反の罪として持っていくためです。おそらく警察から「そのようにしてください」とアドバイスされているのでしょうね。現行犯でなければ警察は動けないのです。そうやって証拠を積み重ねて書類送検に持っていくわけです。

三浦：すでに4人が書類送検されています。

白岩：2015年に書類送検された京都の事件は大きなマンションで戸数も多かったようです。ただ民泊をしていただけでなく、不動産会社も旅行会社も介入していました。

大阪の事件は韓国籍と中国籍のホストですね。それぞれ3部屋、2部屋と規模はそう大きくありません。東京はイギリス人でした。ほとんど外国人が多いですね。

板垣：外国人が？

白岩：もちろん外国人だけではありませんよ。京都は日本人です。書類送検までされるのはレアケースだと思いますが、保健所からのお尋ねは最近よくあります。中には警察がくることもあります。

三浦：近隣の人たちから警察や保健所に通報されるのです。やはり民泊の場合、近隣対策は必至です。今回、民泊が解禁されるにあたっても、「トラブルの窓口を明確にしなさい」と謳われています。

今のAirbnb民泊の場合だと、どこにトラブルを通報していいのかわからない。それで保健所や警察に通報するしかない状況なのです。

板垣：保健所から通知が送られてきたら、ホストの皆さんはどう対応されているのですか？

三浦：基本的には通知は物件のポストに入っているのですけれど、皆さん見て見ぬふりをする方が多いようです。転貸で又貸しされていると、オーナーは事実を知るすべもありません。

保健所が訪問してもわからないので、最終的には謄本をあげて所有者を調べます。そこで初めてオーナーが知り、管理会社にクレームをして追い出しをかけるなりします。

激増する近隣トラブル

白岩：日本を代表する観光地といえば京都ですが、京都では民泊で許可を得ているのは全体の7％しかないそうです。あちこちでトラブルが起きているでしょうね。

板垣：私は主婦ですから、文句を言いたくなるご近所の方の気持ちもよくわかります。近隣住民の方がなぜ民泊を嫌うかといえば、嫌悪感ではなくて、単純に不安があるからだと思います。

三浦：5月17日に開催された参議院予算委員会で、民泊質疑が行われました。ここで問題にされていたのは、Airbnbに登録されている物件の所在地の把握ができていないこと。感染症などが海外から持ち込まれたときに、感染経路の特定ができない問題。また、テロの問題といった住民不安が言われていました。

その点でいえば、やはり民泊はまだまだ不安要素が多く、旅館業の方がしっかりと基準が設けられています。宿泊者名簿が確保されていたり、衛生基準も守られています。

板垣：近所の家に知らない外国人がたくさん出入りしていれば、「何だろう?」怪しくと思いますよ。その人たちのマナーが悪ければなおさらです。

また、日本人は「外国人だから!」ということではなく、病気が感染することに対してとても敏感です。新型インフルやテング熱なども騒動になりましたが、どこで発生したのか、誰が持ち込んだのかということが気になるところだと思うのですよね。

白岩：日本は島国だからでしょう。他国と陸続きではないので病気にしてもテロにしても、地理的に日本は「可能性が少ない」と信じ込んでいる節があるようです。そこに外国人が観光で日本に来だして、不安になっているのでしょう。これは慣れの問題もあると思います。5年、10年も経てば外国人が道を歩いているのも日常風景になりますよ。まだ免疫ができていないだけです。

板垣：近隣住人のクレームは、「住宅地なのに観光客を泊めるなんて!」という観点から発していると思います。それに関しては極自然な日本人の感情ではないでしょうか。例えば、これが住宅地ではなくて駅前の繁華街や、国道沿いのような賑やかな商業地であれば、そこまでにはならないと思うのです。

三浦：実際に起こっているクレームでいえば、なんといってもタバコのポイ捨てと騒音問題です。この2点に尽きますね。

白岩：外国人がタバコを外で吸いながらスマホをいじっている姿をよく見かけますよ。喫煙者が少ないのは、アメリカと日本で、外国ではタバコを吸う人が意外に多いのです。

三浦：これは集合住宅だから戸建てだから・・・ではなくて、基本的には旅行客全体にいえることだと思います。ホテルでも騒音に対する

クレームは多いですし。

板垣：そう考えると、民泊のゲストだけマナーが悪いとは思えません。

白岩：それは民泊がツアーではなくて個人旅行だからだと思います。やはりある程度は自分で調べたり、自分の旅行スタイルを組み立てるだけの能力があるわけだから・・・。

団体で初めて海外旅行をするような日本のオジサンや、中国人の団体ツアーとは明らかに違う。わざわざ航空運賃を身銭で払って外国に来るのだから意外にレベルは高いですよ。

板垣：少なくとも民泊するからといって、貧乏旅行ということはありませんよね。

白岩：むしろ逆じゃないですか。ただ数が増えすぎて住宅街では騒音問題へエスカレートするのでしょうね。

三浦：時間が解決すると？

白岩：多少時間がかかるかもしれませんが慣れると思います。現に外国人労働者が多い街では、外国人が日常にいることに慣れて、カルチャーギャップはあるにせよ、役所にクレームの電話が殺到するような問題は起こっていません。

レベルが低い!? 運営代行業者の問題

三浦：今、民泊のホストの不満といえば、運営代行会社へ向いていると思います。

白岩：やはり丸投げではトラブルも多いですよ。よく聞くのは、ゲストが部屋を間違えて隣の部屋のインターフォンを鳴らす、ドアをノックする。隣人にすれば迷惑な話ですよね。

三浦：迷いそうな部屋は案内に行ったり、ドアに印を貼ったり工夫を凝らすべきです。まず部屋の案内を丁寧にしない・・・それが近隣の苦情にもつながります。

板垣：部屋の間違えのケースは、運営代行会社の案内が行き届いていないということですよね。

白岩：ホストは代行会社に丸投げしているから、そこまでの気配りはできません。また、代行会社にしても大量に扱っている部屋の1つだから、いちいち親身になって気にしていられないものですよ。

三浦：代行会社は本当にピンキリです。

白岩：アパートの管理会社と同じで自分の物件でもないのだから、全体のうち何割かが稼働していればいいという考え方です。

板垣：おそらく自分の物件だと思えば、メールのやり取り1つにしても細かく一生懸命にやるのではないでしょうか。

三浦：普通賃貸の管理会社だと管理手数料の相場が5％として、最低1000部屋から管理を行っていますが、民泊の代行は20％～30％。個人レベルの会社もあるので、10部屋程度という会社もあります。

板垣：だったらもっと丁寧に対応しても良さそうですが。

白岩：80部屋の代行をしている会社で月1万通のメールやりとりをしていると聞きます。普通賃貸に比べて手間のかかり方が違うというのはあります。

三浦：質の良くない代行会社では、そのメールのやり取りをできるだけ少なく済ませるの

です。ゲストから質問されていることから、質問されていないことまで、1回のメールで一気にドーンと送り返して、もう返事をさせない状況へ追いやるのです。長いメールでずらずらと書き連ねるため、ゲストもよく読みません。その結果、トラブルが起きやすくなるという悪循環をつくり出しています。

白岩：そういう姿勢が他人事だというのですよ。

三浦：メールのレスポンスを細かく行った方が、丁寧でトラブルも起こりにくいし、部屋の案内でも間違えそうな場合は、駅で待ち合わせをするのが理想的です。

板垣：民泊とは友達の家に泊まりにいく感覚で使えるわけで、駅に迎えていくような姿勢が、本来のスタイルでした。それが今や、そのほとんどが事業形態になっているからトラブルも多発しているのではないですか。

三浦：そういった側面はあるかもしれません。

民泊で成功する条件

白岩：やはり、民泊で成功する条件を考えていくと1位は立地です。ただし、立地が良くても失敗するケースもありますから、立地があったうえで総合的に良くしていくべきです。

逆に田舎でとても良い立地と思えないところでも、人が集まる立地もあるので、アパートなど賃貸物件に比べて良い立地の定義は幅広いと思います。

三浦：基本的に、インターネットでわかりえる情報は、立地と写真とレビューと値段。1位は立地としても、それ以下は総合的なので順位は付けにくいということですね。

白岩：値段・写真・レビュー、どれも重要です。デザインをプラスして写真の見栄えを良くすること。それから適正な値段をつけること。

板垣：外国人だからではなくて、個人旅行をする人は、総じてレビューを判断基準にしますから、そこも大切ですね。

白岩：だからこそ、総合的にきちんとやっていかなくてはいけない。だから簡単に儲かるということはないのです。

〈座談会前編　終〉

※Ｐ１７１「座談会後編」に続く

第2章

不動産投資ブームと賃貸業界の停滞の矛盾

～金融緩和に踊る投資家たち。すでにババヌキゲームははじまっている～

ここ数年の不動産投資ブームについて、私は大きな懸念を抱いています。

大きな借金を背負うハイレバレッジ投資。将来性のない建売の新築アパート投資。

ラクして儲かる・・・といわれる裏側には、たくさんの罠が潜んでいます。

◇アベノミクス、量的緩和、そして不動産投資ブームへ

私がアパートづくりをはじめてから早いもので14年が経ちました。

世田谷区のアパートを建てた頃は、まだまだバブルの後遺症が残っていました。

その後、ファンドバブルがやってきます。はじめは外資、そして日本ファンドも高騰しますが、２００８年のリーマンショックで好景気から一転、ファンドバブルは崩壊して、不動産ミニバブルも崩壊し経済は冷え込みました。

そして、弱った日本に追い討ちをかけるかのように、２０１１年3月11日の未曾有の大震災が起こり、原発事故にいたりました。

２０１２年12月。アベノミクス登場により、さらに状況は一変します。

アベノミクスとは、安倍晋三内閣の経済政策で、エコノミクスとかけ合わせた造語だそうです。

アベノミクスでは、大胆な金融緩和をすることで、為替を円安に持って行き、インフレを起こすことを狙っていました。

具体的には「財政出動」「金融緩和」「成長戦略」という「3本の矢」で、長期のデフレを脱却し、名目経済成長率3％を目指すというものでした。

このアベノミクスにより円ドル相場は急激に変化しています。

2012年11月半ばまでは1ドル70円台という歴史的な円高水準が続いていたのですが、アベノミクスへの期待から急速に円安が進み、2013年年1月後半に1ドル90円台に、そして4月上旬には1ドル100円近くまで円安が進みました。

日経平均株価を見れば、アベノミクス以降は勢いよく上昇したものの、今では失墜しています。

以下を日本経済新聞から引用します。

日経平均株価の今年の下落率は10日で17％に達し、昨年まで続いた株高局面は転機に差し掛かった。10日終値（1万5713円）は「アベノミクス相場」の平均買いコストを割り込み、この間に株を買った投資家の多くが含み損を抱えている計算になる。

アベノミクス相場は野田佳彦首相（当時）が衆院解散を宣言した2012年11月14日が起点。そこから今年2月10日までの3年3カ月の日経平均を平均すると1万5860円になる。これはアベノミクス相場で市場全体を買ったと仮定した場合の平均的な買いコストを示し、10日の日経平均はこれを下回った。

昨夏までの上昇は、円高や東日本大震災で割安に放置された日本株が正常な評価を取り戻した側面が強い。日銀の異次元緩和による円安や企業統治改革の導入も海外勢の投資を呼び込んだ。だがマネーは逆流し始め、10日の日経平均は一時、日銀が14年10月に追加緩和を打ち出す前日の株価（1万5658円）より安くなった。

2014年秋以降の黒田東彦日銀総裁の量的緩和の動きは、市場から「黒田バズーカ」ともてはやされました。

サラリーマンを中心とした不動産投資家はこの恩恵を受けて、これまでにない多額の融資を引くことが可能となりました。

そして、今年の1月には、日本初となる「マイナス金利」の導入が決定されました。

これはニュース速報にもなるサプライズで、これを受けて住宅ローンの金利が軒並み下がっています。

不動産投資への融資も２０１６年には引き締めが入る・・・などと囁かれていましたが、今なお絶好調という印象を持ちます。

私の個人的意見としては、何億という借金を重ねてハイレバレッジ投資を行うサラリーマンに対して不安がぬぐいきれません。

フルローン、オーバーローンといった元手いらずの投資で富を築くのは、まさに現代の錬金術ともいえます。

しかし、ちょっと待ってください。

融資がつく物件だからといって良い物件とは限りません。

これまで融資上限が2億円から3億円と言われていた、融資に積極的な某地銀が、高属性のサラリーマンに対しては5億円から6億円の融資をしているそうです。

ただの一個人がそこまでの借金を背負うのは異常事態だと感じるのは間違いでしょうか。

実際、ハイレバレッジ投資をはじめたサラリーマンからの相談をたくさん受けています。

「地方の大規模RCマンションを購入したものの、多額の固定資産税や修繕費に悩まされている」

「関東圏の新築アパートを購入したが、1年経っても満室にならない。今はサブリース契約をしているが、この契約が見直しとなれば赤字になってしまう」

このような不安、失敗は、金融政策のゆがみから生まれたようにも思います。

◇「空想利回り」に騙されるな

ここ数年、不動産投資がブームになっています。

不動産書籍もたくさん発売されて、これまで主流であった30代、40代のサラリーマン投資家だけでなく、それこそ20代の若者から主婦までが不動産投資を行っています。

投資の裾野が広がるのは、良いことだとは思いますが、気になるのは購入した物件のその後です。

不動産投資ブームもあって、現状で収益不動産は品薄で物件を買いたいと思うのであれば、なんらかの妥協が必要です。

ポイントは何を妥協するのか、です。

駅から遠くてもいい、築年数が経っていてもいい、間取りプランに競争力がなくてもいい、利回りが低くてもいい・・・。

妥協するポイントはそれこそいろいろありますが、一番肝心な部分である「入居がつく物件であるのか」に対して、妥協してはいけないと考えます。

一番、大切な需給バランスをいい加減に考えて、泣きをみている投資家が後を絶ちません。

私はその部分を重んじているからこそ、とことんブランド立地にこだわっています。

多くの投資家は利回りをはじめとした数字だけでジャッジします。

しかし、いくら高利回りであっても、実際に入居がつかなければ、絵に描いた餅です。

私は「空想利回り」と呼んでいますが、つくられた想定利回りや表面利回りには意味がないと思っています。

◇実態のない積算評価額

最近の不動産投資は、先述した通りハイレバレッジをかけた投資手法が主力となっています。

地方の中古ＲＣマンションを買う際には、収益還元評価といわれるアパートやマンションが生み出す収益から、その物件の価値を計る方法もありますし、積算評価という銀行独自の土地や建物の評価を基軸にして、その物件の価値を計る方法も健在です。

収益還元評価はまだしも、積算評価にいたっては、私は完全にまやかしだと思っています。

大切なのは積算評価ではなく「数十年にわたって入居者が入る物件であるのか」ということではありませんか？

私が主に取り組んできた世田谷・目黒では、どこの金融機関にいっても積算評価なんて言葉は出ませんでした。

世田谷・目黒では土地の価格も寿司屋と同じ、時価いくらで売るだけです。

多くのサラリーマン投資家は、現金を持っていない人が多く、より多くのローンが引ける物件を欲しがります。

そこに積算価値が出てくるということです。

よくあるケースですと、そうやって「数字的にはあうから」ということで買ったものの、結局は数字上だけの話で、地方というハンデのある立地で、空室が続けば返済もままなりません。

あとは積算評価が高いということは、固定資産税が高くなり収益を圧迫します。

くわえて同じ値段の物件を購入した場合に、東京で買えば地価の高さゆえに小さい物件しか買えませんが、地価の安い地方では大きな敷地面積となります。必然的に管理すべき面積が大きくなって、ランニングコストがかかります。

そういった当たり前のことをわからず地方ハイレバレッジ投資に手を出す投資家が後を絶ちません。

◇最後にババをつかむのは誰か

私が懸念するのは出口戦略です。

私自身は出口を考えるような投資は行ってきませんでした。

というのも、都内ブランド立地であれば、孫子の代までアパート経営を行うことができますし、いざ売却を考えたときにも、市況の変動はあるでしょうが、暴落することはないだろうと考えています。

それゆえに「出口をどうするのか？」といったことは懸念材料ではありませんでした。これが地方となれば変わってきます。首都圏といえども、ブランド立地でなければ安心はできません。

数千万円といった金額ならまだしも、何億もするＲＣマンションを、10年20年後に誰が購入するのでしょうか。

木造であれば解体して土地として売ることもできますが、ＲＣ造ではそうするために多額のコストがかかります。

地方へ行けばいくほど物件の規模は大きくなり、その価値とは比例して、あらゆるコストがかさみます。

こうした物件の出口を考えたときに、「次に購入する人間に融資はつくのか」ということが課題となります。

私の感覚でいえば、地方物件に積極的に融資する銀行ほど、融資条件が変わる銀行はありません。

かつて地方の木造に融資をしていた銀行が出さなくなったり、多額の融資を行う銀行が急に属性のハードルを上げたり。

他にも破綻した投資家がいたのか「このエリアには融資できません」と急に手のひらを返すこともあります。

とはいえ、その時期によっては急に条件緩和する銀行もありますから、道が閉ざされているわけではありませんが、売りたい時期にタイミングよく銀行が開いているとは限らないのです。

私がアパート投資をはじめた14年前からでも、何度も大きな動きがありました。

今は安定した公務員やエリートサラリーマンに対して、限りなく融資が開いている状況です。

「融資条件が緩和された今こそがチャンス」などと言われて喜んでいる場合ではありません。

属性が良い人ほど、物件の力ではなくても、自らの属性で物件を買ってしまう傾向にあります。

3億円だ5億円だと借金自慢をしているサラリーマン投資家もいますが、冷静に考えてみれば、サラリーマンに返せる借金ではありません。

もし、金利が3%上がったり、空室が10%増えたらどうなりますか?

日本は今後、確実に人口が減るのです。

次の章で詳しく解説しますが、今、どれだけの空き家が日本にあるのか、目を背けている人が多すぎると感じます。

◇木を見て森を見ない投資家たち

物件がない中で、業者のいうままになってしまっているというのが大きな要因だとは思いますが、本当は森が枯れているのに、木しか見ていない。そこが問題なのです。

木というのは、物件のことです。

物件しか見ていないから、まわりが見えていないのです。

不動産投資のメリットとして、「ライバルは地主のおじいちゃん、おばあちゃん。だから投資家は勝てる」などと説明されていますが、私が思うに「勝てる」のではなくて共倒れです。

おじいちゃん、おばあちゃんがアパートメーカーで新築をして、一括借上げで契約を結びます。

ご存じのとおり一括借上げというのは、数年ごとに家賃の見直しはありますし、地主さんからしてみれば、メーカーが「家賃を下げます」といえば、抗うことはできません。

契約が打ち切りになって、空室だらけで放置されているアパートもたくさんあります。

地方で一括借上げのメーカーアパートが一斉に値下げをしたら、どうなると思いますか？

そう、家賃相場が値崩れします。そうして実際に家賃が万単位で下落した地域は地方にたくさん実在します。

相場が崩れてしまえば、投資家も地主もありません。

そこまでの状況になってしまっては、営業活動をしようが広告費を値上げしようが根本的解決にはなりません。

なにしろ需要がないのですから。だから、共倒れなのです。

一旦崩れてしまった需給バランスが元に戻る可能性はほぼありません。

空き家があまって賃料を下げても下げても埋まらない・・・。

完全に崩れきった状態に陥っている・・・。

それが、今の日本の賃貸なのです。

ただし、これは一部を除いた話です。要はピケティの論理と同じで、上位10％が80％を持っていってしまう状態です。

賃貸市場でもおそらく上位10％の良い立地にあるところだけが、勝ち続けていくのではないでしょうか。

◇不動産投資ブームは長くは続かない

今の不動産ブームがいつまで続くかは、神のみぞ知るところですが、結局は時間の問題だと思います。

本当は去年が末期かと思ったら、意外に今年も保っています。

もともと私は新築アパート投資を勧めてきていましたが、最近は千葉・埼玉・神奈川で新築アパートを利回り７％から８％程度で購入するサラリーマン投資家が多いようです。

価格にして8000万円から1億円程度の建売や企画売りの木造アパートを購入するのがトレンドです。

なぜ、判で押したように同じ利回りで売られているかというと、業者が利回り7%から8%にするために逆算するからです。

家賃を最初に決めるのですが、この家賃は新築プレミアム家賃で、相場よりはるかに高く設定されています。

2年経って、新築の家賃が下がって、家賃が相場になったらもう終わりです。

今、7万5000円の物件でも、下がった瞬間に6万円です。

業者の考え方としては、「利回り7%~8%だったら、なんとか銀行が融資を出してくれる、だから建てれば売れる」ということです。

そのため客付けも強引です。敷金礼金ゼロゼロで広告費2ヶ月、3ヶ月と相場より多く支払って、とにかく埋めて満室にしてしまおうという意思が強く伺えます。

そうなると、入居審査もいい加減です。

家賃設定も強引なら建物もひどいものです。すべての新築アパートが該当するとはいいませんが、15㎡程度の狭小物件を平気でつくっています。

狭い部屋なのに無理やり高い家賃にして、そこから逆算して売値を付けている・・・それを、サラリーマン投資家が深く考えずに「融資がつくから」と買っていきます。

場所も都内ならまだしも、聞いたこともない場所に建てています。ブランド立地とまではいいませんが、ターミナル駅から電車1本で行けないような場所に賃貸ニーズはあるのでしょうか。

都内の物件は5％を切っている状況なので、仕方がないといってしまえば、それまでですが、こんな状況はおかしいと思います。

根本を考えると簡単な話で、不動産投資、アパート経営というのはビジネス、商売です。

これは持論なのですが「なんで人のいない所にお店を出すの？」ということです。ようはアパート屋という商売なのです。そば屋、文房具屋、アパート屋。すべて根っこは同じです。

人のいないところに店を出しますか？

いくら借り入れができるからとはいえ、私から見れば関係ないことです。

そうではなくて、これからお店を出す人が、お金を借りられるからといって、人通りがまったくない場所で、お店を構えるのか、ということです。

なぜアパートだけ、それで大丈夫と考えるのでしょうか。

需要がないところで商売をしても、成功するわけがありません。

そもそも賃貸マーケットで見れば、日本という国自体が、さして需要がないわけです。

サラリーマン投資家は、そろそろその事実に気づくべきだと思います。

コラム1

工務店の息子が専業大家になるまで

●学生結婚から株で破綻

気楽な大家家業をしているように思われる私ですが、賃貸経営で生計を立てられるようになるまでの道は、順調というには程遠く、むしろ遠回りばかりの険しい道のりでした。

今でこそ、大家をしている私ですが、学生の頃は将来のことは一切考えず、勝手気ままに過ごしていました。バックパックを背負ってヨーロッパを半年間かけて回り、その後、勢いだけで学生結婚します。

結局、大学は中退して、母親の出資を受け世田谷区内で喫茶店を開業しました。

商売は決してラクではありませんでしたが、夫婦でつましく生活していたところ、私の人生に大きな影響を与える出来事が起きました。

喫茶店のお客さんから株式投資を勧められたのです。

「儲かるから、マスターもやってみないか？」

時はバブル景気の真っ只中、浮かれ気分の世の中のムードもあり、まったく知識もないまま、株に手を出してしまいました。

それでも、時代の後押しもあってか、驚くほど利益が出ました。そのうち本業の喫茶店を忘れるほど、株にのめりこみ、気づいたときには後戻りできない状況にはまっていました。

株の信用取引による借金は完全に支払い能力を超えていました。親から譲り受けた財産を内緒で処分して借金返済にあてる日々。働いても働いても、返済に消えていく売上。

駆け落ち同然で一緒になった妻とは離婚。父親が私名義でしてくれていた貯金を黙って解約して、なんとか数千万円は返済できました。

それでも、借金がきれいになることはなく、最後は置手紙をして、ワンボックスカーに荷物を積んで家を出ました。

夜逃げです。

すぐに働くことができる仕事としてタクシードライバーが頭に浮かび、タクシー会社に入社しました。

必死で働いても、給料の大半は残った借金の返済に消えていき、手元には3万円も残りません。

昔の知り合いを見かけると、つい下を向いて足を速めてしまう・・・。大切なものをすべて失い、どうあがいてもそれをもう一度取り戻すことはできないという絶望と後悔の日々。

「借りた金を返すためだけの人生を送るのか」

希望を持つこともできず、自殺も考えました。しかし、生命保険はすでに解約済みで、保険金は1円も出ませんし、さらに親へ迷惑をかけるだけです。

そんな絶望の淵をさまよっているときに、見つけたのが自己破産について書かれた一冊の本でした。暗闇の中に光を見つけたような気持ちでした。

1990年の夏、弁護士を通じて破産宣告を行うと、これまで毎月のように届いていた金融会社からの督促の手紙がパタッと途絶えました。この日の夜は久しぶりに安心して眠ることができました。

私は、「もう二度と自分の人生を危険に浸すような馬鹿なことはしない」と、心に誓いました。


その後、タクシー運転手を続けながら、最後には個人タクシーの免許も取り、なんとか生活を立て直すことができました。2度目の結婚をしたのもこの頃です。

結婚するにあたり、長らく顔が出せなかった実家とも和解して、ようやく穏やかな日々が戻ってきました。

●父の死、相続争いから大家へ

ところが2002年に突然、父が亡くなり事態は急変しました。

静岡で生まれ、孤児から裸一貫で上京した父は後に独立し、世田谷で工務店を開業しました。母と二人三脚で手堅く事業を行い、信頼を得たおかげで工務店経営は順調でした。

父は借金が大嫌いで、すべて自己資金で経営し、工場や倉庫、自宅まで無担保・無借金で健全経営をしていました。

とにかく仕事熱心な父でしたが、自身には無頓着で、死後の準備を何もしていませんでした。

そのため、親族との相続争いや、国税の3ヶ月におよぶ調査を経験することになったのです。

まず、多額の現金が金庫から出てきたことから、国税に目をつけられる結果となりました。

7人もの国税調査官が現れ、私たち親族は徹底した調査を受けて、多額の相続税を支払うことになりました。当時の顧問税理士はほとんど役に立ちませんでした。

相続税を払ったあとも、お金を取り巻く様々な問題は続きます。相続争いなんて他人事、そんな風に考えていた私たちが、壮絶な相続争いに巻き込まれます。

父には現金以外に土地やアパートなどの資産がありました。分割協議では相続人の意見はまとまらず、話し合いは平行線をたどるばかり。その後、母も亡くなりましたが、いまだに問題は終結してません。

今日決まったことが明日には反故され、それが繰り返されるのです。最後までドロドロのまま、この相続をきっかけに家族は壊れてしまいました。

私の場合は、株式投資の借金で父に迷惑をかけたこともあり、自分からお金の話を切り出すことは不可能でしたが、このような相続争いは誰にでも起こりうることとして、対応しておくのが大事だと考えています。

相続争いや税務調査はあったものの、結果として私は父のアパートを引き継ぐことになり、タクシードライバーを辞めて専業大家となりました。

生前、父の勧めで受けた宅地建物取引士に合格したのも、いい区切りになりました。まだ、すべての問題が片付いたとは言えませんが、私自身の生活は父の相続をきっかけに大きく変化を遂げたのです。

●日本の風土に適した木造軸組住宅

また、私のアパートづくりへのこだわりは、建築へのこだわりでもあります。

アパート経営は事業ですから、建物へお金を使いすぎてもいけません。しかし逆に必要以上にコストカットするのもいかがでしょうか。

山ほどの見積もりをとって、もっとも安い工務店に頼んだら、工事の途中で会社が潰れてしまった・・・という笑えない話もあります。

ムダを削ろうとする気持ちもわからないでもないのですが、アパートはあくまでも人が住まう家です。

2011年の東日本大地震以降はとくに安全な建物に対するニーズが高まっています。

入居者さんにとっては毎日の生活を送る住まい、そして

大家さんにとっては収益をあげるだけでなく大切な資産です。

私は安心安全かつ住み心地が良いことが基本だと考えます。工務店の息子として育ち、数々の現場や建物を見てきた中で、ある一定の基準以上の建物を目指しています。これは簡易宿所でも同じことです。

第3章

減り続ける人口と増え続ける空き家

～人口減少と空き家問題。いらない家の有効利用～

社会問題とまでなっている日本の空き家。約830万戸もある空き家は今後どんどん増え続けるとも言われています。

この住宅ストックは、どのように活用できるのでしょうか。その可能性について解説しましょう。

◇余っているのは賃貸住宅だけではない

不動産投資家の皆さんは、日本のいたるところに空室があることをご存じかと思います。

別に地方だけの話ではなく、東京23区であっても空室はたくさんあります。

余っているのは賃貸物件だけではありません。以前、ニュースで騒がれた空き家問題を覚えていますか？

これは総務省が5年に一度行っている「２０１３年度住宅・土地統計調査」で、日本の空き家が８２９万戸もあること発表されたことがきっかけとなっています。

日本の住宅はこの調査が行われた２０１３年に６０６３万戸ですから、７軒に１軒が空き家ということです。

ただし、空き家にも種別があり、区分マンションから賃貸アパート、一般の戸建て住宅など様々なタイプがあります。

総務省のデータによれば、５割以上が共同住宅となり、賃貸用の住居です。つまり日本の空き家のうち、半分は「賃貸住宅の空室」ということです。

そして、残りの半分が何かといえば「戸建て住宅」です。

かつては人が住んでいたけれど、今は空き屋のまま放置されて朽ちている・・・そんな家がたくさんあるのです。

たしかに、都会であろうが田舎であろうが、人気のない荒れた家というのは見かけるものです。

相続で継いだ親のボロ家については、前著『親のボロ家から笑顔の家賃収入を得る方法』（ごま書房新社）にて詳しく解説していますが、そうやって誰にも必要とされていない戸建て住宅が日本全国に余っているのです。

このままいけば全国の空き家は20年に９００万戸、23年には１０００万戸といったペースで増加するという見通しが出ています。

中には少しでも手を入れれば輝きだす、ダイヤの原石のような家もあり、私からすれば、せっかくの家がもったいないなと思います。

◇空き家問題の原因を考える

そもそもなぜ空き家は増えているのでしょうか。

その理由は、やはり少子高齢化です。

２０１５年10月に実施した２０１５年簡易国勢調査の速報値の報告によると、昨年10月１日現在の外国人を含む日本の総人口は１億２７１１万47人で、10年の前回調査から94万７３０５人（０・74％）減り、１９２０（大正９）年の調査開始以来、はじめて減少に転じました。

39道府県で人口が減少し、11年に東京電力福島第１原発事故が起きた福島県は、過去最大の11万５４５８人減となりました。

厚生労働省の人口動態統計では、２００５年に初めて出生数が死亡数を下回りました。10年調査からの減少について、総務省は死亡数が出生数を上回る「自然減」が主な要因とみています。

前回、調査人口が増えたのは、「東京圏」である東京、神奈川、埼玉、千葉4都県と、沖縄、愛知、福岡、滋賀の各県で、人口増加率は、出生率が高く死亡率が低い沖縄県が2・97％増でトップ。前回1位の東京都は2・69％増で2位でした。

減少率がもっとも高かったのは秋田県で5・82％減。福島県の5・69％減、青森、高知両県の4・71％減が続きました。

大阪府は0・30％減で、第二次世界大戦の影響で減った、47年の臨時国勢調査を除くと戦後初めて人口が減少でした。

福島県の減少率は、原発事故前の2010年調査（2・98％減）からほぼ倍増です。東日本大震災の被害が大きかった岩手県（3・78％減）と宮城県（0・59％減）は、10年調査の減少率と同水準でした。

全国1719市町村の8割を超す1416市町村で人口が減少し、半数近い828市町村では10年調査より5％以上減りました。

全国の世帯数は前回比2・8％増の5340万3226世帯となり、比較可能な

日本の人口推移と見通し

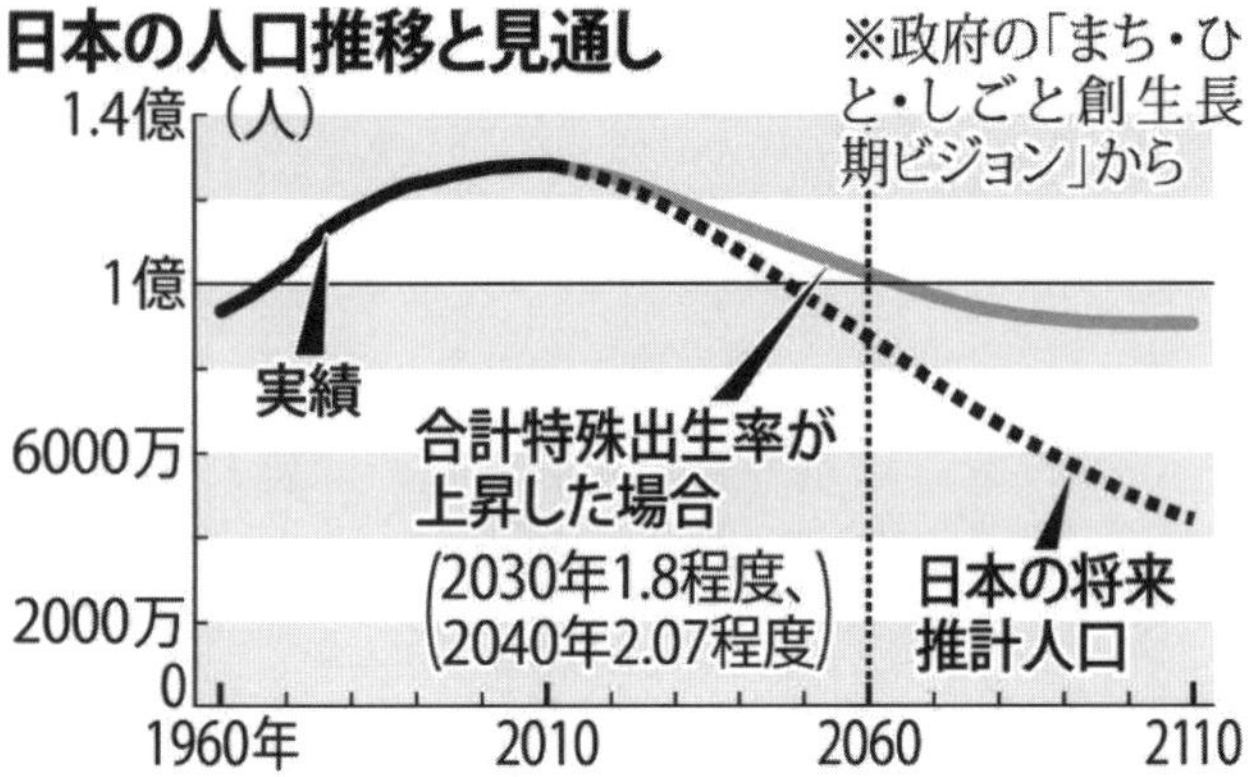

出典：毎日新聞

1960年以降では最多を記録。1世帯当たりの平均人数は前回比0・08人減の2・38人で、60年以降最少になりました。

この2015年国勢調査の結果からわかることは、日本の人口がどんどん減少している現実です。

生まれてくる赤ちゃんの数が亡くなる人の数を下回り、さらに世帯数が増えているのは、家族で暮らす人よりも、単身で暮らす人が増えているということです。

これは結婚を選ばない人が増えているという事実もあるでしょうし、高齢者世帯が子供世帯と同居をしないという核家族化もあるでしょう。

現状での世帯数の増加は、広い戸建てではなくて、小ぶりなマンションやアパートに住むことを物語っているようにも見えます。そもそも1人、2人で住むのであれば、大きな住宅は必要ありませんから。

こうして、家はどんどん余っていくのです。

◇親から継いだ家を持っているだけでマイナスに!?

なぜ空き家になったのか、その理由を調べていくと、高齢者が住んでいた場合、広い家が不便となって引っ越したケース。入院や老人ホームへの入所などが理由にあげられます。

また、親が亡くなって相続を受けたケースもあります。

親世代の住んでいるのが地方だとした場合、子世帯はすでに別の土地でマイホームを持って独立していたら、実家は空いてしまいます。

「できれば貸すか売るかしたいが、家財の整理がなかなかできず、ほったらかしにしている」そんな話を良く聞きます。

しかし、売る場合でも二束三文に価値が下がっていることが多く、賃貸に出す場合でも、地方であれば、せいぜい家賃5万円といったところです。

結局、売るのも貸すのも面倒になって、空き家のまま放置されるのです。


それ以外にも、空き家を空き家のまま放っておく理由があります。

その理由は固定資産税・都市計画税（以下、固都税）です。

固都税は、毎年1月1日現在で市町村の固定資産課税台帳、もしくは登記記録などに所有者として登録されている人に対して課税されます。

固定資産税は原則として（一部の例外規定を除く）すべての土地と家屋が課税対象となり、都市計画税は都市計画法による市街化区域内に所在する土地と建物が課税対象となります。

つまり市街化区域内に住宅などを所有すれば、固都税が併せて徴収されます。

支払い方法は、納税通知書にしたがって一括納付するか、年4回の指定月に分納します。

あくまで1月1日に所有ということが基準で、例えば1月2日に家屋を取り壊したとしても、原則として1年分の課税がされます。

その税額は、固定資産税評価額に基づいて算定されます。

土地については価格の上昇や下落に伴う調整措置や、住宅用地に対する特例などを適用させた後の価格が課税標準となります。

また、固定資産税の標準税率は1・4％、都市計画税の制限税率（上限）は0・3％と決まっています。

ただし、アパートなど集合住宅を含む住宅が経っている土地には、「住宅用地に対する課税標準の特例」といって、税額の優遇が行われています。

住宅用地は、その税負担を特に軽減する必要から、その面積の広さによって、「小規模住宅用地」と「一般住宅用地」に分けて特例措置が適用されます。

住宅用地に対する課税標準の特例

◎小規模住宅用地

200㎡以下の住宅用地（200㎡を超える場合は、住宅1戸あたり200㎡までの部分）を小規模住宅用地といいます。

小規模住宅用地の課税標準額については、価格の6分の1の額（都市計画税は3分の1）とする特例措置があります。

◎一般住宅用地

小規模住宅用地以外の住宅用地を一般住宅用地といいます。たとえば、300㎡の住宅用地（1戸建住宅の敷地）であれば、200㎡分が小規模住宅用地で、残りの100㎡が一般住宅用地です。

一般住宅用地の課税標準額については、価格の3分の1の額（都市計画税は3分の2）とする特例措置があります。

難しい言葉が並んでしまいましたが、簡単に説明すると、毎年、固都税という税金を払う必要があり、その際、空地にしておくよりも、家が建っている方が税金が安くなるため、たとえ人が住んでいなくても、家があった方が得ということなのです。

とはいえ、空き家の近隣からすれば、空き家に不審者が忍び込んだりといった治安の不安から、家が朽ち果てて景観が悪い、もしくは崩れそうで危険あるなどマイナス面が多くあります。

よくある話でいえば、空き家の庭木が伸びてきたが、所有者でないので刈れない・・・、何か問題があっても、個人の所有物のため行政に言っても対応してもらえないのです。

このように空き家には悪影響があり、さらに空き家が増えることを考慮すると、国策として空き家対策を進める必要性が高まってきました。

そこで政府は「空家等対策の推進に関する特別措置法（空き家法）」を制定、２０１５年５月から施行されています。

◎空き家対策特別措置法の目的
・地域住民の生命、身体又は財産を保護する
・（地域住民の）生活環境の保全を図る
・空家等の活用を促進する
・空家等に関する施策を総合的かつ計画的に推進する
・公共の福祉の増進と地域の振興に寄与する

これらの目的を達成するため、「国が基本方針を策定し、市町村が空家等対策計画の作成その他の空家等に関する施策を推進するために必要な事項を定める」とされています。

つまり国はあくまで方針を示したにすぎず、各行政が行う施策までについては定めていません。とはいえ法律の制定で対策しやすくなったのは確かでしょう。

空き家を放置していれば、行政から責任を問われる可能性がありますし、今後は空き家について固定資産税の軽減措置を見直す、つまり「増税する」としています。

◇ついに政府が動いた　～宅建業法の改正～

空き家の所有者の観点でいえば、とにかく古い住宅は売りにくいものです。

欧米では築100年の家であっても、手入れがされていれば価値があり、長いローンも組めますし、減価償却もできます。だからこそ、値段がつくのです。対して、日本では中古住宅は価値を持ちません。

法定耐用年数を超えた戸建て住宅はまったくの無価値と見なされ、価格もすごく安くなります。

地方でありがちなのは、数千万円したはずの我が家をいざ売ろうとしたら、数百万円になっていたというケースです。

また、買い手側からしても、新築のように10年の瑕疵担保保険はありませんから、「こんな古い家を購入しても大丈夫なのだろうか」と不安を抱えています。

これから本格的な人口減少・少子高齢社会を迎える日本にとって、空き家の有効活用は重要な政策課題となっています。

しかし、日本の中古住宅の流通量は、年間17万戸前後の横ばい状態で推移しており、欧米諸国と比較して極めて低い水準なのです。

日本政府としても、中古マーケットを活性化の必要性を感じているのでしょう。去る4月28日の衆議院本会議において、宅地建物取引業法の一部を改正する法律案が可決されました。

今回の改正では売買仲介業者が専門家による建物状況調査（インスペクション）の活用を促すことで、売主・買主が安心して取引ができる市場環境を整備していこうという主旨になっています。

併せて、不動産取引により損害を被った消費者の確実な救済措置について、また不動産業者の資質の向上のための努力義務なども盛り込まれています。

法案の可決には、中古住宅マーケットの拡大による経済効果、ライフステージに応じた住み替えによる豊かな住生活の実現など大きな意義があるとされています。

法律案の概要

◎既存の建物の取引における情報提供の充実
宅地建物取引業者に対し、以下の事項を義務付ける。
・媒介契約の締結時に建物状況調査（いわゆるインスペクション）を実施する者のあっせんに関する事項を記載した書面の依頼者への交付
・買主等に対して建物状況調査の結果の概要等を重要事項として説明
・売買等の契約の成立時に建物の状況について当事者の双方が確認した事項を記載した書面の交付
◎消費者利益の保護の強化と従業者の資質の向上
・営業保証金制度等による弁済の対象から宅地建物取引業者を除外
・事業者団体に対し、従業者への体系的な研修を実施する努力義務を課す

出典：http://www.mlit.go.jp/common/001120594.pdf

◇全国の空き家にチャンスがある！

先述しました固都税の増税や宅建業法の改正によって、中古住宅マーケットがどのように動くのかといえば、それはまだ未知数です。

しかし、空き家を持っていることで、余分にお金がかかったり、責任を問われる事態になれば、当然「売りたい」と思う人は増えるでしょう。

そこに宅建業法の改正で、中古住宅マーケットを活性化することができれば、これまで以上に、戸建て住宅が売り出されることが考えられます。

それは私の提案する「アパ宿投資」にとっても良い傾向です。

現状で、戸建て投資を好む不動産投資家もいますが、彼らとは少し違った視点で、戸建てを使った投資を行うのが、本書が提案する「アパ宿投資」なのです。

ただし「アパ宿投資」＝戸建て投資ではありません。

「アパ宿」は戸建てであっても集合住宅であっても可能ですし、ここでは中古住宅を取り上げていますが、新築でも可能なのです。

ただ一ついえることは、空き家の売却が促進されることで、全国で「アパ宿投資」が行えるチャンスが増えます。

使えそうな空き家であればリノベーション、古くて使えないのであれば建替えて新築・・・といったように、持て余している空き家の有効利用が可能です。

もちろん、空き家を所有している人でも、立地によってはマイナス資産から、月々の利益を生み出すキャッシュマシーンにすることが可能なのです。

コラム2

ほったらかしでアパ宿投資、簡易宿所のオペレーション（管理運営）

不動産投資の大きな特徴は、実務に関わる部分を外注できるということです。アパ宿についてはどうなるのか・・・を解説しましょう。

アパート投資をしている人は、管理運営を不動産会社に委託しているか、それとも自分で自主管理をしているか、そのどちらかだと思います。

現状で民泊を行っている人は、運営代行会社に頼んでいるのか、それとも自分で運営しているのか、そのどちらかです。

アパートを管理する会社は、日本全国にあり、その管理委託料は家賃収入の5％程度が相場です。

対して民泊の運営代行会社は、ここ数年で誕生した業態です。都市圏や有名な観光地では、今ようやく数が揃ってきたところで、運営代行費用は売上の20％〜30％が目安でしょう。

同じようにアパ宿である簡易宿所も運営を外注できるのかといえば、専門で運営代行を行う会社はまだほとんどありません。

なお、簡易宿所での運営業務は、次のような内容です。

・予約管理
・集金
・チェックインチェックアウト
・清掃業務
・集客（ホテルサイトに登録）

民泊と比べて、そう変わりませんが、大きな違いは民泊は客を選べて、ホテルは選べないということ。

それから集客方法が違います。掲載できるサイトが増えます。アパートであれば、入居申込みがあったときはＦＡＸやメールで申込み書が送られてきて、その後、契約に進んでいきます。

その点、簡易宿所は民泊と同様で、インターネットで簡単に行えます。

ただし、複数のホテルサイトで常に集客をしているわけですから、それぞれのサイトの情報を管理しておかなければば、ダブルブッキング（二重予約）になってしまいます。

そこで、複数サイトの予約管理をする専用ソフト、通称サイトコントローラーを使って、まとめて管理を行います。

民泊との違いは、先述した通り集客方法ですが、ゲストとのメールやりとりが必須の民泊とは違って、ホテル予約ではとくにやりとりを行う必要がありません。

田舎の家で行うのであれば、ご自身やご両親に行うか、複数のホテルサイトでの対応が難しく感じるようであれば、あえて民泊サイトだけを使って集客してみてもいいかもしれません。

田舎であっても民宿はあるもので、田舎だからできない・・・といったことはありません。

また、ハウスクリーニングを行う会社も全国にあるので、受付業務を自身で行う、清掃だけは外注するといったこともできると思います。

都市や観光地になるとホテルや旅館がライバルとなるため、しっかり事業という意識を持って行います。

今後、簡易宿所が増えていくにつれて、運営代行会社も増えていくと思われますが、現状では行っている会社は少ないため、民泊の運営代行会社に委託できるか聞いてみるのが良いでしょう。

業者の選び方については、現在、比較できるほどの情報が集まっていません。その会社と合う合わないがありますから、直接会って話すのが大事だと思います。そういうところはアナログです。

また、これはアパート経営とまったく同じになりますが、管理も良くて客付力もあるといったパーフェクトの会社というのは、なかなかありません。バランスで見るしかないでしょう。

なお、アパ宿投資では新規プロジェクトで行っているものは、運営代行までワンストップで請負える仕組みが構築されていますから、投資家はすべてを外注することができます。まさに、ほったらかしでお金を生む投資なのです。

第4章

内需より外需、「宿」が足りない現実

～日本が「観光立国」になるために必要なこと～

2016年、訪日外国人客がいよいよ2000万人を突破します。盛り上がるインバウンドブームは一過性のものでしょうか。
日本人が知らないニッポンの魅力に併せて、これからの可能性について私の考えをお話しします。

◇旅行客を短期移民と考える

最近、とある本を読んで感銘を受けました。

それは、イギリス人の元ゴールドマンサックスのアナリストで、現在は国宝・重要文化財の補修を手掛ける小西工藝社代表取締役社長のデービット・アトキンソン氏の著した『新・観光立国論』（東洋経済）です。

現在の日本は、世界242ヶ国と地域の中、人口1億人を超える12ヶ国中10番目に位置しているそうです。

少子高齢化が進む日本では、どんなに楽観的な見方をしても、戦後の人口激増時代の反動で、人口激減の時代に入りつつあります。

先進国はだいたいどこも人口減少の時代を迎えていますが、先進国の中で日本の人口の激増は異例だっただけに激減のスピードも異例です。

さて、人口が減ると何がおこるのでしょうか。

アトキンソン氏は、「一定の経済の基礎ができた先進国において、ＧＤＰは人口の増減によって左右される」といいます。つまり、日本が人口減少によってＧＤＰが下がっていく・・・、つまり生産性が落ちてくるのです。

裏を返せば、「ＧＤＰを成長させたければ、人口を増やせばいい」ということにほかなりません。

一生結婚しない男女が増えており、出生率が下がっている国で人口を増やすということは、おのずと答えは限られていきます。

様々な少子化対策を考えることができますが、それだけでに人口の激減を止めるのは難しいのです。

よく言われるのは外国人を呼んで、日本国籍を与え日本人として受け入れること。つまり移民政策です。

もしも、日本のようにこれまで移民というものを受け入れてこなかった国が移民政策を行えば、その効果は顕著に表れるといわれています。

しかし、この移民政策を実現するには非常に高いハードルがあります。

その理由としてまず挙げられるのは、日本人の拒否反応です。

現在、日本人で移民政策に積極的なのは、ごくごく少数派で、多くの人は抵抗があります。

実際、日本にとって移民政策は必要だと考える人でも、いざ移民が来ることになれば「治安が悪くなるのではないのか」と懸念することでしょう。

「移民政策をとらずに国民1人1人の生産性をあげていけばいいのではないか」という意見もあります。

その代表が安倍政権の成長戦略に掲げられた女性の活用「ウーマノミクス」です。

具体的にいえば、男性の就業率と女性の就業率を同じにするという話ですが、これが実現できている国は先進国では皆無です。現実的に難しいのではないかということです。

そうした八方ふさがりの中で、移民政策以外に唯一、人口を増やす方法が「短期移民」だと提案されています。

短期移民とは出稼ぎ労働者のことではなくて、「日本に住むことなく一定期間だけ滞在する外国人」と定義づけています。

短期移民は仕事はせず、ただ日本国内で消費するだけ。つまり外国人観光客のことなのです。

一時的に遊びにくる観光客には、政治の問題、文化、風習、宗教で困ることもありません。

ただし、一定期間とはいえ日本に滞在するのですから、実態としては日本の人口が増えることになります。

つまり、短期移民であれば、「移民政策のデメリットを持たずして、ＧＤＰを上げる効果に期待ができる」とされています。

人口が右下がりで減っていく日本で、ＧＤＰを大きく成長させていく有力な方法としては、人口減少を補うほどの外国人観光客を受け入れる・・・つまり「観光立国」の道を歩んでいくということなのです。

私もまったくこの考えに共感します。事実、政府は観光立国を目指すべく、政策を推し進めています。

そして、2012年から2015年の3年間に劇的に伸びた訪日外国人旅行者数は、836万人から約2倍の1974万人に、訪日外国人旅行消費額は1兆846億円から約3倍の3兆4771億円となり、観光政策は「アベノミクス最大の成果」とも言われています（次ページの図表参照）。

◇アパートの入居者を増やすのではなく旅行客を呼ぶ

結局のところ、日本の新たな産業としての観光です。世界でも観光業は成長産業のひとつです。

これまでの日本の観光産業は内需、つまり日本国民に向いていました。これが今完全に外需、外国人に向けてに切り替わっています。今はその過度期なのです。

アトキンソン氏は日本がもつ自然、文化、気候、食事など幅広い観光資源をふま

新たな目標値について

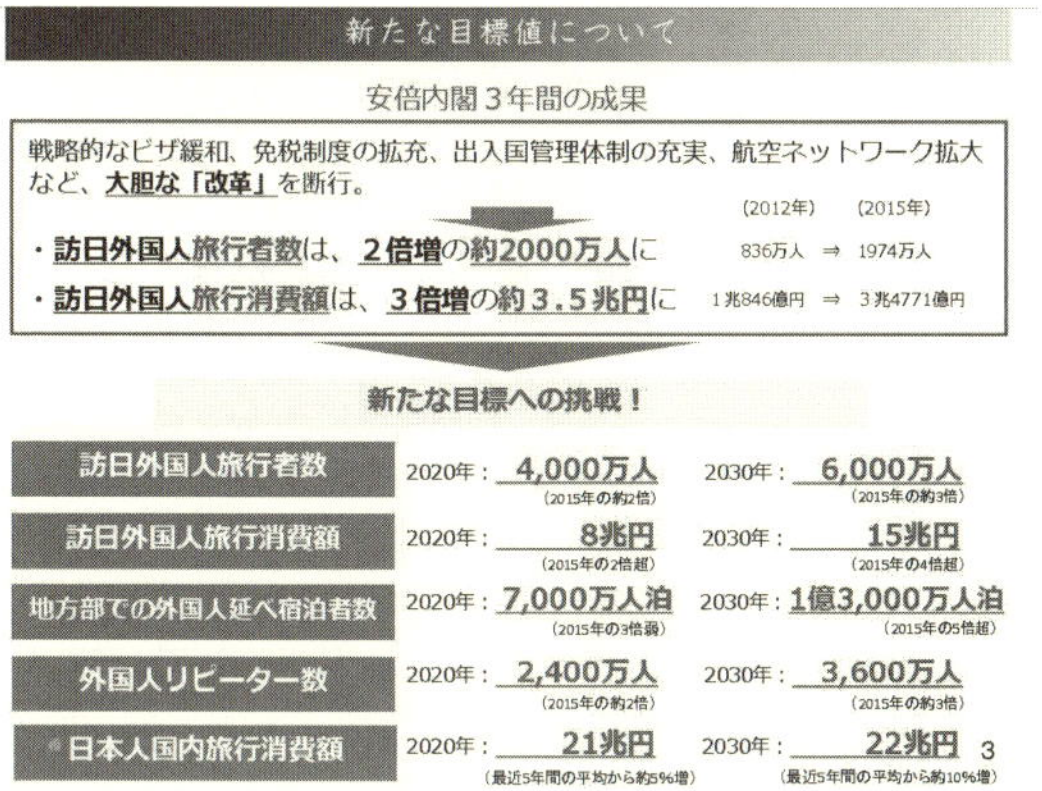
新たな目標値について
安倍内閣３年間の成果
戦略的なビザ緩和、免税制度の拡充、出入国管理体制の充実、航空ネットワーク拡大など、大胆な「改革」を断行。
(2012年)
(2015年)
・訪日外国人旅行者数は、２倍増の約2000万人に
836万人 ⇒ 1974万人
・訪日外国人旅行消費額は、３倍増の約３.５兆円に
1兆846億円 ⇒ 3兆4771億円
新たな目標への挑戦！
訪日外国人旅行者数
2020年：4,000万人
(2015年の約2倍)
2030年：6,000万人
(2015年の約3倍)
訪日外国人旅行消費額
2020年：8兆円
(2015年の2倍超)
2030年：15兆円
(2015年の4倍超)
地方部での外国人延べ宿泊者数
2020年：7,000万人泊
(2015年の3倍弱)
2030年：1億3,000万人泊
(2015年の5倍超)
外国人リピーター数
2020年：2,400万人
(2015年の約2倍)
2030年：3,600万人
(2015年の約3倍)
日本人国内旅行消費額
2020年：21兆円
(最近5年間の平均から約5%増)
2030年：22兆円
(最近5年間の平均から約10%増)
3

出典：観光庁　http://www.mlit.go.jp/common/001126601.pdf

えれば、現時点の日本の潜在能力でも５６００万人は集客可能で、今後も世界の市場拡大を反映し、２０３０年には８２００万まで増加していくと、大胆な予測をしました。

　そして、政府も目標値を大きく上方修正しています。それが、２０２０年の訪日外国人旅行者数４０００万人であり、訪日旅行者消費額８兆円であり、地方部での外国人延べ宿泊者数７０００万人なのです。

　東京、大阪といった都市部だけに注目を浴びがちですが、じつは日本全国に外国人旅行客が訪れています。

　人口10万人の町で、新たに人口を増やすのは難しいかもしれないですが、旅行客を

増やすことができます。

私は地方の空室だらけのアパートを満室にするより、そのアパートやマンションを外国人旅行客に対して宿として提供していく方が将来性をあるように思えます。

というのも、アパートの空室対策は大家個人の問題ですが、外国人旅行客を呼ぶことは国策であり、各自治体も強く望んでいることだからです。

そこに乗らない手はありません。

政府の発表した「明日の日本を支える観光ビジョン」には「観光先進国」への「3つの視点」と「10の改革」があります。

「観光先進国」への「3つの視点」と「10の改革」（平成28年3月30日策定）

視点1　「観光資源の魅力を極め、地方創生の礎に」

■「魅力ある公的施設」を、ひろく国民、そして世界に開放

・赤坂や京都の迎賓館などを大胆に公開・開放

■「文化財」を、「保存優先」から観光客目線での「理解促進」、そして「活用」へ
・2020年までに、文化財を核とする観光拠点を全国で200整備、わかりやすい多言語解説など1000事業を展開し、集中的に支援強化

■「国立公園」を、世界水準の「ナショナルパーク」へ
・2020年を目標に、全国5箇所の公園について民間の力も活かし、体験・活用型の空間へと集中改善

■おもな観光地で「景観計画」をつくり、美しい街並みへ
・2020年を目途に、原則として全都道府県・全国の半数の市区町村で「景観計画」を策定

視点2　「観光産業を革新し、国際競争力を高め、我が国の基幹産業に」

■古い規制を見直し、生産性を大切にする観光産業へ
・60年以上経過した規制・制度の抜本見直し、トップレベルの経営人材育成、民泊ルールの整備、宿泊業の生産性向上など、総合パッケージで推進・支援

■あたらしい市場を開拓し、長期滞在と消費拡大を同時に実現
・欧州・米国・豪州や富裕層などをターゲットにしたプロモーション、戦略的なビザ緩和などを実施
・MICE誘致・開催の支援体制を抜本的に改善
・首都圏におけるビジネスジェットの受入環境改善

■疲弊した温泉街や地方都市を、未来発想の経営で再生・活性化
・2020年までに、世界水準DMOを全国100形成
・観光地再生・活性化ファンド、規制緩和などを駆使し、民間の力を最大限活用した安定的・継続的な「観光まちづくり」を実現

視点3 「すべての旅行者が、ストレスなく快適に観光を満喫できる環境に」

■ソフトインフラを飛躍的に改善し、世界一快適な滞在を実現
・世界最高水準の技術活用により、出入国審査の風景を一変
・ストレスフリーな通信・交通利用環境を実現

・キャッシュレス観光を実現

■「地方創生回廊」を完備し、全国どこへでも快適な旅行を実現

・「ジャパンレール・パス」を訪日後でも購入可能化

・新幹線開業やコンセッション空港運営等と連動した、観光地へのアクセス交通充実の実現

■「働きかた」と「休みかた」を改革し、躍動感あふれる社会を実現

・2020年までに、年次有給休暇取得率70％へ向上

・家族が休暇をとりやすい制度の導入、休暇取得の分散化による観光需要の平準化

いかがでしょうか。日本政府の本格的に観光産業に取り組んでいく姿勢がよくわかると思います。

とくに視点1では、これまでは外国人どころか、日本人ですら立ち入りが難しかった赤坂や京都の迎賓館を公開・開放したり、これまで自然保護を主とした「国立公園」を体験・活用型の空間にするといった様々な「規制緩和」が提案されています。

見えます。

また、日本の一部の都市だけでなく、日本全国を盛り上げていくという観光戦略が

政府は訪日ビザを取りやすくして、日本への観光需要を掘り起こす方針です。

現状で訪日客が見込める重点市場のうち、韓国や台湾、香港、米国など15ヶ国・地域はビザが免除されています。

これを観光ビザが必要な中国やフィリピンなど5ヶ国のビザ緩和を戦略的に進めていくとしています。

この夏には、中国人に対するビザ緩和を実施すると発表しました。

ロシア向けには期間中に何度も訪日できる数次ビザの要件を緩め、インドの大学生のビザ申請手続きも簡素化、フィリピンやベトナムのビザも緩和するという考えです。

このように今後もビザの緩和がされていくでしょうし、地方の空港に対する乗り入れも加速していきます。

◇ホテルが足りない現実

こうして訪日外国人旅行客数が伸びていく一方で、ホテル不足が指摘されています。観光庁によると、国内の延べ宿泊者数は昨年、初めて5億人を超えて5億545万人になりました。

この理由はインバウンドの増加などによるもので、2007年の調査開始以来最多ということです。

一方で全国の宿泊施設数は約5万軒でやや減少傾向にあります。

客室稼働率は上昇して、昨年の全国平均は2010年の調査開始以来最高となる60・5%を記録しました。大都市圏での稼働率が高く平均80%を超えている状況です。

大阪府は、昨年の稼働率が85・2%と2年連続で全国都道府県で1位となりました。延べ宿泊者数は外国人客が5割伸び、日本人客を含む全体で3000万人を突破しています。

大阪や京都中心部のホテルは予約が一段ととりにくい状況になっており、宿泊客は大阪市の周辺や滋賀県、兵庫県などに流れる傾向が強まっています。

このデータからわかることは、東京だけニーズが突出しているわけではない、ということです。

不動産投資・・・不動産賃貸業では首都圏に一極集中しており、特に地方では需給バランスが崩れている状況です。

とはいえ空室は東京にもたくさんあるわけで、それは大阪でも同様でしょう。それが宿泊という観点で見れば、「部屋が絶対的に足りない！」ということですから不思議に感じます。

しかし、このホテル不足にもムラがあります。

昨今のホテルの稼働率は上がっている一方に見えますが、それはある一定の地域だけに偏っているのが事実です。

例えば、近畿圏でいえば、大阪・京都は絶大な人気を誇り、宿泊客がどんどん増えていますが、お隣の奈良や兵庫ではそこまで宿泊数は伸びていません。

ようは大阪や京都を拠点としして、日帰りでまわれてしまう観光地には宿泊の需要がなかなか増えないのです。

これは地方空港の周辺にもいえることです。現状で地方空港への乗り入れが進んでいますが、その街の空港を使うだけ、いわば通過するだけで消費につながりません。世界資産や温泉をはじめとした観光資源を持っているのに、現状で宿泊の需要が伸びていない地域も、見せ方を工夫することで、長く滞在して宿泊する流れをつくる必要があると思います。

そういった試みで成功させているのが三重県の伊勢神宮で、現在取り組みを行っているのが奈良だそうです。

こうした各地域の取り組みを、国も後押しをしていきます。

先述した「観光ビジョン」では、民泊ルールの整備、宿泊業の生産性向上も課題となっています。

今後、都市圏においてはホテルが増えていくでしょうし、地方でも需要を掘り起こしていく努力を続けていくことでしょう。

国としては、そうしなければ、絶対的にホテルが足りないからです。その他、各自治体としても、観光産業で収益を上げていくためには欠かせないことだからです。

◇チャンスは日本全国にある！

外国人旅行客の好む、日本旅行のゴールデンルートは、東京・名古屋・京都・大阪・姫路・広島・福岡と言われていますが、実際にはより幅広い範囲で旅を楽しんでいます。

これは日本人も同じではないかと思いますが、最初は海外へ団体ツアーで行っていたものが、徐々に個人ツアーに変わっていきます。

そして、決まりきった観光地をまわる旅ではなく、自分の趣向に合せた旅に切り替えていきます。あえて自国の人が訪れない場所を選ぶようにもなります。

そういった旅慣れた人のとる行動は、万国共通なのではないでしょうか。

すると、観光する場所がだんだん広がっていきます。

ここにおもしろいデータがあります。

世界的な旅行サイト「トリップアドバイザー」（https://www.tripadvisor.jp/）から「外国人に人気の日本の観光スポット」の２０１５年版を旅行客の口コミと共にご紹介します。

２０１５年版　外国人に人気の日本の観光スポット

◆1位　伏見稲荷大社（京都府京都市）

Fushimi Inari Taisha Shrine is a must-see when in Kyoto. The torii gates are simply amazing and offer visitors uniquely awesome photo opportunities.（京都に来たなら伏見稲荷大社は外せません。連なる鳥居は本当に、ただただ素晴らしく、写真を撮るには最高です。）Curt H さんの口コミ

◆2位　広島平和記念資料館（原爆ドーム、広島平和記念公園）（広島県広島市）

Most informative museum, telling the tragic story in a sensitive way.（非常にた

くさんの情報が詰まった資料館です。悲しいストーリーを配慮しながら伝えています。）hajijohnさんの口コミ

◆3位　厳島神社（広島県廿日市市）
During high tide the shrine and torii seems to float, during low tide visitors can walk to the torii.（満潮の時、鳥居は浮いているように見えます。干潮の時は、鳥居まで歩くことができます。）martinatakanoさんの口コミ

◆4位　東大寺（奈良県奈良市）
This was absolutely huge.（とにかく巨大でした。）Ant6974さんの口コミ

◆5位　禅林寺 永観堂（京都府京都市）
Amazing autumn foliage viewing in Kyoto（京都で最も見応えがある紅葉のひとつ）
HaruKenchiruさんの口コミ

◆6位　地獄谷野猿公苑（長野県山ノ内町）
It's amazing to see the snow monkeys so incredibly close to you.（こんなに近くでスノーモンキーが見れるなんてすごいです。）Celine142さんの口コミ

◆7位　高野山 奥之院（和歌山県高野町）
The walk through the cemetery and the temple are amazing!（墓地や寺院の散策はとても素敵です！）Alessio Bさんの口コミ

◆8位　サムライ剣舞シアター（京都府京都市）
SO GOOD!! I will have to find a kenbu place back home and practice!（SO GOOD!! 家に帰ったら剣舞ができる場所を見つけて練習します。）ArekusandaaTさんの口コミ

◆9位　沖縄美ら海水族館（沖縄県本部町）
A beautiful aquarium set up like a combo of aquarium and amusement park.（水

族館とアミューズメントパークが融合したような美しい水族館です。）Julie Dさんの口コミ

◆10位　箱根彫刻の森美術館（神奈川県箱根町）
It embraces impressive sculpture in the simple hills of Hakone. If you love Henry Moore and Picasso you will be very happy.（箱根の丘に素晴らしい彫刻が配置されています。ヘンリー・ムーアやピカソが好きならとても幸せな気分になることでしょう。）ABさんの口コミ

いかがでしょうか。

伏見稲荷大社はここのところ有名になっていますが、日本人の思う日本の有名観光地とは、相当ギャップがあると思います。

また、11位以下でいえば次のようなラインナップとなっています。

あなたの常識はどこまで正しいか？　ご確認ください。

11位　金閣寺（京都府京都市）、12位　新宿御苑（東京都新宿区）、13位　富士山（静岡県・山梨県）、14位　成田山　新勝寺（千葉県成田市）、15位　兼六園（石川県金沢市）、16位　松本城（長野県松本市）、17位　横浜みなとみらい21（神奈川県横浜市）、18位　奈良公園（奈良県奈良市）、19位　ギア専用劇場（ART COMPLEX 1928）（京都府京都市）、20位　弥山（広島県廿日市市）。

その他にも「トリップアドバイザー」にはホテルランキングをはじめ、様々なランキングがありますので、参考にしてみてください。

・「トリップアドバイザーランキング」http://tg.tripadvisor.jp/news/ranking/

◇外国人旅行客の足「ジャパン・レール・パス」

日本を旅する外国人旅行客の足となるのが、鉄道をはじめとした交通機関です。日本全国ほとんどに交通網があり、時間に正確で清潔で安全ということで外国人旅行客に親しまれています。

ご存じの方もいらっしゃるかもしれませんが、日本居住者には使えない、外国人旅行客独自のチケットとして「ジャパン・レール・パス」があります。JRグループ6社が共同して提供するパスで、日本観光になくてはならない存在となっています。

基本的に、日本国外のJR指定発売店および代理店（旅行会社・航空会社等）でのみ発売されており、日本国内では購入できません。

ただし、日本国外では引換証のみが渡され、日本到着後、ジャパン・レール・パス引換箇所（大半は駅の旅行センターなど）で、パスポートを提示し、引換証と交換でパスが入手します。

鉄道のない沖縄を除く、日本全土をくまなく網羅した、まさに外国人旅行客ならではの「旅の足」といえます。

このパスがあるからこそ、外国人旅行客は気軽に日本国内を縦断できるのです。

◎ジャパン・レール・パスで乗車できる路線（概要）

・鉄道・・・旅客鉄道各社の新幹線・特急・急行・快速を含む全列車

※以下の車両には乗車できない。新幹線「のぞみ」、「みずほ」。私鉄・地下鉄線全線。

※以下の車両に乗車するには、追加料金が必要となる。寝台車。グランクラス。ホームライナーなどの乗車整理券・ライナー券が必要な列車など。

・路線バス・・・JR北海道バス・JRバス東北・JRバス関東・西日本JRバス・中国JRバス・JR四国バス・JR九州バスの一般路線バス全路線

・航路・・・JR西日本宮島フェリーの宮島航路

◎利用資格

・外国から「短期滞在」の入国資格により観光目的で日本を訪れる外国人旅行者

・日本国籍をもって日本国外に居住し、下記条件を満たす者

その国に永住権をもっている場合

日本国外に居住する外国人と結婚している場合

◎料金

※「ジャパン・レール・パス」

http://www.japanrailpass.net/

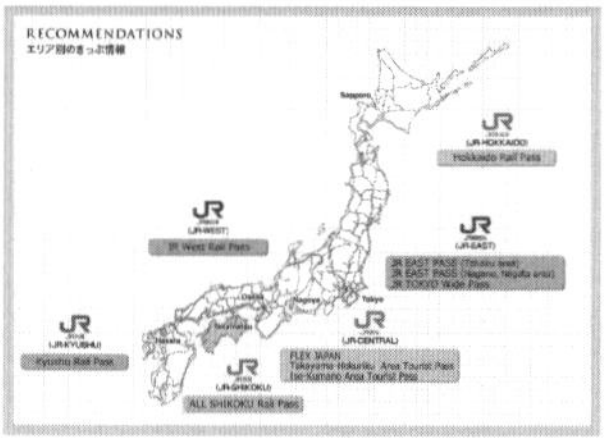

種類	区分	7日間	14日間	21日間
グリーン車	大人	38,880円	62,950円	81,870円
	子供	19,440円	31,470円	40,930円
普通車	大人	29,110円	46,390円	59,350円
	子供	14,550円	23,190円	29,670円

その他、各地で外国人旅行客に親しまれている交通手段の一部をご紹介します。

◎市バス・京都バス一日乗車券カード

一日５００円で京都市バスが乗り放題。バスの乗り方も英語で丁寧に案内されています。

※「市バス・京都バス一日乗車券カード」
http://www.city.kyoto.lg.jp/kotsu/page/0000028337.html

大人用

小児用

◎Tokyo Subway Ticket

海外及び1都7県(東京、神奈川、埼玉、千葉、茨城、栃木、群馬および山梨)以外から東京に来られた際に利用できる乗車券。旅行開始から24時間（800円）・48時間（1200円）・72時間（1500円）に限り都営地下鉄線全線および東京メトロ線全線が利用できます。

※「Tokyo Subway Ticket」

http://www.kotsu.metro.tokyo.jp/subway/fare/otoku_limited.html

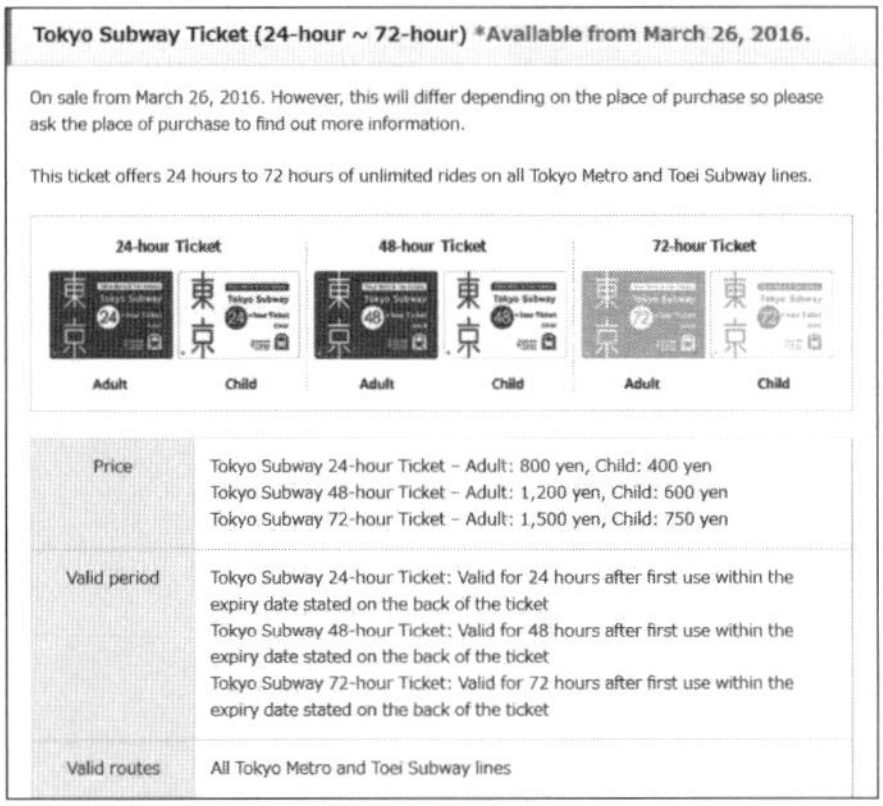

Tokyo Subway Ticket (24-hour ~ 72-hour) *Available from March 26, 2016.

On sale from March 26, 2016. However, this will differ depending on the place of purchase so please ask the place of purchase to find out more information.

This ticket offers 24 hours to 72 hours of unlimited rides on all Tokyo Metro and Toei Subway lines.

Price	Tokyo Subway 24-hour Ticket – Adult: 800 yen, Child: 400 yen Tokyo Subway 48-hour Ticket – Adult: 1,200 yen, Child: 600 yen Tokyo Subway 72-hour Ticket – Adult: 1,500 yen, Child: 750 yen
Valid period	Tokyo Subway 24-hour Ticket: Valid for 24 hours after first use within the expiry date stated on the back of the ticket Tokyo Subway 48-hour Ticket: Valid for 48 hours after first use within the expiry date stated on the back of the ticket Tokyo Subway 72-hour Ticket: Valid for 72 hours after first use within the expiry date stated on the back of the ticket
Valid routes	All Tokyo Metro and Toei Subway lines

このように交通インフラが整っているからこそ、日本は個人ツアーにも向いており、メジャーな観光地だけでなく、好きなところに出向けるのです。

また、外国人旅行客をターゲットを考えたときに、こういったフリーパスの使える立地なのかというのはポイントになります。

◇新ブランド立地はここだ！

私が提案する新ブランド立地は、北海道、東京、名古屋、京都、大阪、金沢、福岡、沖縄です。

テッパンともいえるのは、やはり東京、京都、大阪でしょう。

私自身は東京の浅草と京都で展開しています。今後、金沢や沖縄でも進めていく予定です。

外国人旅行客の需要を見たときに、基本的にアジアから近い場所は人気があります。福岡はアジアから交通の便がよく、街歩きやショッピングを楽しむ人が多いそうです。また、太宰府天満宮も外国人旅行客の定番スポットとなっています。

あとは沖縄も近く、リゾートということで、付加価値があります。

そこに病院が連携してリゾートの人間ドックツアーなどを行えば、すごいことになるだろうなと思っています。

冬も寒くありませんから、冬にスポーツ大会を行う需要もあります。

北海道は山があるので、オーストラリア人やニュージーランド人は冬に喜ばれ、アジア人でも夏だけでなく、冬の北海道にも来ることが多いようです。

これが主なおすすめ地域ですが、日本のポテンシャルで言えば、それ以外にも需要を掘り出すことはできます。

最近では北陸の方も昇龍道（ドラゴンルート）といって、中部地方の愛知県・岐阜県・富山県・石川県を南から北へと縦断する新しい旅の観光ルートを提唱されています。

名古屋から入って、飛騨高山を抜けて、白川郷、飛騨高山、それから金沢に抜けるコースです。東京からの感覚では、遠いようなイメージですが、これも非常に人気があります。

他にも和歌山県の高野山、四国のお遍路さん。地震の影響を受けている九州の温泉も復興すればポテンシャルは高いと思います。

例えば由布院では、普通のアパートでも温泉が引けるのです。何でも4世帯で数十万程度で引けるそうで、一般の住宅でも8割が温泉付きです。

そんな地域で温泉付きアパ宿を行ってもいいのではないかと思いました。

なぜかといえば、温泉街の旅館に泊まりたいニーズはもちろんあるのでしょうが、そうではなくて、もっとリーズナブルに楽しみたいニーズもあると思うからです。温泉に入って泊まりたいけれど、夕食は近所のラーメンやコンビニ弁当でもいい。リーズナブルにゆっくり過ごしたい旅行者は必ずいます。

とくに夏に来る旅行者はバカンスで、2週間、3週間と泊まっていきます。日本人の旅行のように短期ではないから、好きなところ、行きたいところへ気軽に訪れていきます。

全世界を見渡せば、様々な価値観があります。地方だからといってあきらめる必要はないと言いたいのです。

そう考えれば、チャンスは日本中にあるのです。その中で旅行客をどう呼び込むのか、知恵を出し、工夫をすればいいのです。

コラム3

民泊先生に聞いた！ 合法の民泊、簡易宿所とは？

三浦剛士

国の政策として、民泊を進めたい意思がありますが、ホテル業界との調整や近隣住民のクレーム、また消防や衛生に関する問題など、解決すべき問題は山積みになっています。

それでも、現実にホテル不足は起こっているわけですし、2020年のオリンピックに向けて、きちんと法整備を行っていく必要があります。

その点でいえば、民泊推進の流れはもはや止めることはできません。

つい最新の情報では、6月2日の政府の規制改革会議において、個人宅の空室を有料で貸し出す「民泊」について、営業日数の上限を「年間180日以下」とすることを条件に解禁する方針を閣議決定しました。

こういった日数制限については、世界各国の民泊では多く見られるものです。

くわえて住居専用地域でも民泊が可能となり、一般住宅で民泊ができるようになります（宿泊拒否も可）。ただし、自治体の条例等で規制もできます。

届出および登録の手続きはインターネットの活用を基本とし、マイナンバーや法人番号を活用すること、利用者名簿の作成・保存、居住主不在型では、「民泊施設管理者」が必要とされています。

このように旅館業法とは全く別物となる法案であり、本来ある宿泊者を守るということには触れられていません。

そのため消防設備関連（人命・防災）について懸念されています。というのも、万が一、火災などが起きてしまうと、すぐにでもこの案はダメになってしまう恐れがあるのです。

日数制限の180日というのも、あくまで上限であるため、これも自治体によっては、日数制限をさらに減らす場合も想定できます。

とくに浅草や京都などの観光都市にあたっては、その傾向が色濃く出ています。

その理由は、「諸外国の例も参考としつつ、既存のホテル・旅館との競争条件にも留意する」という内容が入っているためです。

以上の点からいっても、やはり旅館業の簡易宿所の許可をとって、アパ宿を経営していくことが理想です。

そもそも旅館業とは「宿泊料を受けて人を宿泊させる営業」と定義されており、「宿泊」とは「寝具を使用して施設を利用すること」とされています。

旅館業は「人を宿泊させる」ことであり、生活の本拠を置くような場合、例えばアパートなどは貸室業・貸家業であって旅館業には含まれません。

旅館業には次の４種類があり、簡易宿所については、旅館業法の中ではもっともハードルが低いとされています。

・ホテル営業

洋式の構造及び設備を主とする施設を設けてする営業である。

・旅館営業

和式の構造及び設備を主とする施設を設けてする営業である。いわゆる駅前旅館、温泉旅館、観光旅館の他、割烹旅館が含まれる。民宿も該当することがある。

・簡易宿所営業

宿泊する場所を多数人で共用する構造及び設備を設けてする営業である。例えばベッドハウス、山小屋、スキー小屋、ユースホステルの他カプセルホテルが該当する。

・下宿営業

1月以上の期間を単位として宿泊させる営業である。

原則としては、国の定めた旅館業法簡易宿所営業の法令がありますが、具体的な部分は各自治体が要綱を定めています。

例えば、収容人数に合わせてトイレや洗面所の数が決まっていたり、防火基準も高く設定されています。

詳しいところは自治体によってルールが変わりますが、検査を受けなくてはいけないため、民泊に比べては格段に手間とコストがかかります。

とはいえ、今年の4月にはこれまであった33㎡という床面積の基準は定員10名以下であれば1人3.3㎡とかなり緩和されました。

このように民泊のルールに沿うのか、簡易宿所のルールに沿うのかで、大きく変わってきます。

簡単にいえば、届出制と許可制の違いで、責任の所在が変わります。届出であれば、届出を行った側の責任、許可制であれば、許可を与えた側の責任です。

とはいえ、管轄はどちらも自治体で、自治体によっては民泊に対して、積極的なケースと消極的なケースがあります。

それは簡易宿所の許可に対しても同様で、代表的なところでいえば、浅草のある台東区では簡易宿所に対しては、他の区に比べてかなり厳密なルールを持っています。

とくに簡易宿所の許可で大変な部分は消防法です。受付と許可を行うのは保健所ですが、多くの決まりごとは消防署が対応します。

順番は保健所にいって受付を行い、建築課で実際にその土地で営業が可能かどうか調べ、消防署で設けた基準に合致させる建物をつくる。そして、最終的に保健所が許可を出す・・・そういった流れです。

簡単にいえば、新築アパートをプランニングする中で、守るべき消防法の基準が厳格になるイメージです。

煩雑なように見えますが、不動産投資家であれば、できないことはありません。

最後に、法令から少しずれてしまいますが、最新の融資状況についてお伝えします。

新築アパート投資では融資が非常に出やすい状況ですが、簡易宿所は融資がなかなか厳しいです。というのも、あくまで旅館業であり、賃貸業とはみなされないためです。

また簡易宿所という用途に融資する商品がなく、併せて前例がないため融資は引けないのが現状です。

しかし、柔軟な銀行があるのも事実で現在、簡易宿所用の商品開発の打ち合わせを進めています。ただし銀行も合法であることが大前提です。

第5章

成功のキーは「アパ宿投資」
～合法で民泊を行う、
アパートを「宿」にする投資法～

第5章では、私の提案する「アパ宿投資」についてがテーマです。合法で民泊を行うことにより、チャンスは大きく広がります。わずか500万円でスタートできるアパ宿投資の魅力をあますところなくお伝えします。

◇Airbnbより大きなマーケットがある

ホテル不足の中で、Ａｉｒｂｎｂをはじめとして民泊が人気を集めています。民泊の大きなメリットは、初期投資が少なく済むことです。しかし、気軽にはじめられる・・・つまりライバルが増えて競争が激化しやすくなっています。

そうなると儲かる物件だけではないでしょう。思ったほど売上が出ずに、すでに撤収しているホストも多いと聞きます。

また、クレーム・トラブルも多発しています。ホスト・ゲストのみならず、今もっとも問題になっているのは、近隣住民とのトラブルです。

政府としては民泊を緩和していく方向ではあるけども、現状でなかなか法整備が進まず、そこまで簡単に儲かるような商売ではないということです。

私は非合法でライバルが多い中、無理に民泊をするのではなくて、旅館業として正々堂々と営業を行うことをおすすめしています。

手間やコストはかかりますが、それ以上にメリットが多いのではないかと考えています。

逆に、ある程度お金がなければできないことは、参入障壁となって、入ってくる人が少ないわけです。

今、ここまで民泊が問題になっているのは、はじめやすいがゆえに急激に増加しすぎての弊害だと思います。

そもそ旅館業とは「宿泊料を受けて人を宿泊させる営業」と定義されています。

「宿泊」とは「寝具を使用して施設を利用すること」で、旅館業は「人を宿泊させる」ことであり、生活の本拠を置くような場合、例えばアパートや間借り部屋などは貸室業・貸家業であって旅館業には含まれません。

また、「宿泊料を受けること」が要件となっており、宿泊料を徴収しない場合は旅館業法の適用は受けないのです。

なお、宿泊料は名目のいかんを問わず、実質的に寝具や部屋の使用料とみなされるものは含まれます。

例えば、休憩料はもちろん、寝具賃貸料、寝具等のクリーニング代、光熱水道費、室内清掃費も宿泊料とみなされます。

◎旅館業の種類
旅館業法は厚生労働省の管轄となります。
旅館業には下記の4種類があります。
・ホテル営業・・・洋式の構造及び設備を主とする施設を設けてする営業。
・旅館営業・・・和式の構造及び設備を主とする施設を設けてする営業。いわゆる駅前旅館、温泉旅館、観光旅館の他、割烹旅館が含まれる。民宿も該当することがあります。
・簡易宿所営業・・・宿泊する場所を多数人で共用する構造及び設備を設けてする営業。民宿、ペンション、山小屋、スキー小屋、ユースホステルの他カプセルホテルが該当します。
・下宿営業・・・1カ月以上の期間を単位として宿泊させる営業。

このように旅館業のルールから照らし合せてみると、民泊は対価をとって宿泊をさせています。

「だったら旅館業法ではないのか」「許可をとらずに営業していいのか」と問われているのです。

政府は特区において、届け出制の民泊を推進する方向で、旅館業法の緩和に向けて動いていますが、国と各自治体の間には温度差があり、現状で「民泊が推進されている」といえるような状態ではありません。

◇宿泊する場所の多様化

さて、私が提案するアパ宿投資は、旅館業でいう簡易宿所営業に該当します。

簡易宿所にもたくさんの種類があり、ペンションや民宿といった家族経営で行う小規模な施設もあれば、ユースホステルやカプセルホテルのような業態も含まれます。

きちんとしたホテルでなく、簡易宿所みたいな小さな宿泊施設に外国人旅行客が来るのか・・・そんな心配があるかもしれません。

私たち日本人が想像する以上に、外国人旅行客は多様な旅を楽しんでいます。


例として、カプセルホテルを紹介しましょう。

何でも小型化するのが得意な日本人が、眠るために最低限必要となるスペースを確保したカプセルホテルは、日本独特の宿泊形態です。

一般的なホテルに比べて価格も安いことから、滞在費用を抑えたい外国人旅行客にとっても人気があり、様々な口コミで「日本を訪れたらば、ぜひ1度は宿泊すべき！」と高く評価されています。

私の感覚からすれば、身体の大きな欧米人が狭くるしいカプセルホテルに喜んで宿泊すること自体が驚きです。

こうして、本来であればビジネスマン御用達だったホテルが外国人旅行客に親しまれています。


この春、渋谷区に訪日外国人女性向けカプセルホテル「なでしこホテル　渋谷

（NADESHIKO HOTEL SHIBUYA）」がオープンしました。

24室のカプセルホテルに大浴場を加えて、ギフトショップや居酒屋も併設されているそうです。

このホテルを展開するのは、有線ラジオ放送最大手の企業ＵＳＥＮ。運営は海外旅行専門店のエスティーワールドが手がけています。

年々高まるインバウンド需要に対応して、女性が一人で安心して宿泊できるようカプセルホテル部分は女性専用としています。

浴衣と帯のほかにアメニティを詰めた巾着が付属され、大浴場にはひのき風呂と五右衛門風呂も配置され、壁面には銭湯絵師による富士山が描かれているそうです。

効率化された宿泊と日本文化が楽しめるということで、すでに「トリップアドバイザー」などに好意的なレビューが寄せられています。

このカプセルホテルもまた旅館業でいう簡易宿所です。

民泊のように日本の一般家庭に宿泊したい・・・、大浴場のあるカプセルホテルに泊まってみたい・・・といった、日本人から見れば、「どうしてここへ泊まりたいの？」

と思われるようなニーズがあります。

その一方で外資系高級ホテルの日本進出も続いてますから、これはもう宿泊への選択肢が多様化しているのだと思います。

◇外国人はマナーが悪いのか？

今、民泊では近隣住民によるクレームが多く、京都市では市民からの通報を受ける専用窓口「民泊110番」を開設することになりました。

よく外国人旅行客のマナーの悪さが言われていますが、私からすれば、問題をおこす外国人はごく少数です。

私自身、これまで10年以上賃貸経営をしてきましたが、日本人入居者と比べてもとくにマナーが悪いとは感じません。

極端な話、日本人よりも良いと感じる部分が多いのです。

なぜかといえば、その部屋に長く住む視点がないからだといえます。

多少、収納が少なかろうが、間取りが使いにくかろうが、そこは問題になりません。賃貸で3点ユニットはハンデとなりますが、ホテルの3点ユニットは標準仕様です。例えば、「窓からスカイツリーが見える」「富士山が見える」というのは売りにはなりますが、これが景観に恵まれず日当たりが悪かったところで、さしてマイナスにはなりません。それは旅行客は日中、部屋にいないからです。

いかがでしょうか。賃貸で出すよりも、よっぽどハードルが低いのです。

むしろ、日本人客の方がやっかいなような印象を受けます。

小さなことでも神経質にクレームを出すのは、だいたい日本人客です。

こういうと怒られてしまうかもしれませんが、今日本の地方物件には家賃2万円〜3万円といったワンルームもザラです。都内でも安ければ家賃4万円〜5万円といったところです。

こういった家賃価格帯でいう最低ランクに住む日本人と、長い休暇をとって自分のお金で海外旅行に来る人、どちらがお金に余裕があるかといえば、断然後者ではないでしょうか。

日本に来ているのは。本当に海外に好奇心を持って、個人旅行で来る人たちです。

◇基本の考え方は「コインパーキング」

外国人は思いがけないところへ観光に出向きます。そういった多様な需要をどう取り込んでいくのかを考えなければいけません。

せっかく良い立地や風景があるなら、そこを活かしたやりようがあるのではないかと思います。

古い戸建を持っている人に対しては、「ただ持っているだけじゃ駄目ですよ」という話をしたいです。可能性を考えてみましょう。

政府の目標で訪日外国人旅行客が4000万人、6000万人となれば、今の2倍、3倍の外国人が来ることになります。

賃貸マーケットでは東京への一極集中が見られますが、旅行となれば別です。そうなると、観光客は日本全国へ散っていくのではないかという話です。

そこへ向けて情報を発信すれば、朽ちていくだけの空き家がお金を生み出すアパ宿に生まれ変わるのではないでしょうか。

基本的な考え方としては駐車場です。例として、同じ面積の駐車場2台があるとします。1台を月極駐車場として月額2万円で貸し出せば、借り手がいなければ0円、満車であっても月2万円の売上です。

これがコインパーキングで1日最大2000円とすれば、1カ月最大6万2000円、つまり3倍にもなります。

これが100%稼働はしなくても、立地さえ選べば0円ということにはなりません。これがコインパーキングの考え方です。

もし、空き家を1日6000円で貸して10日稼働すれば6万円です。「だったら、10日でもいいじゃないですか」という話です。

空き家で固定資産税ばかり払うよりも、少しでも現金を稼ぎだしてくれたら、良いではありませんか。

例えば、海のそばにある戸建て。5月ごろには潮干狩りができて、夏の間は海水浴ができます。そんなロケーションであれば、GWや夏休みを中心に稼働させることができるでしょう。

◇家賃の3倍〜4倍を稼ぎ出す可能性

昨今の不動産投資ブームの中で、戸建て投資が人気があります。たしかに地方にある築古の戸建ては安く売っていますし供給量もあります。

逆にいうと売主側になれば、安く買い叩かれてしまうことです。それが、アパ宿として運用することで、少なからず収益が得られます。

それこそ浅草にあるアパ宿は、普通賃貸で高くてもせいぜい14万円のところ、ひと月に54〜58万円の売上があります。経費率5割と考えても収益率は非常に高いです。

このように普通賃貸の3倍、4倍と稼ぎ出しているアパ宿がたくさんあるのです。少し意識を変えるだけで、お荷物だった空き家が、お金を生み出す金の卵に化けていくということです。

現在、空き家を持っている人であれば、ぜひ有効利用を検討しましょう。

戸建て投資を行うのであれば、需要のある地方でファミリー客、グループ客をターゲットにします。

戸建てにはいくつか利点があります。アパートなどの集合住宅に比べてリフォームしやすく、簡易宿所にするのもやりやすいのです。

そもそも普通賃貸で貸戸建にする場合でも、アパートなどの集合住宅に比べたら、圧倒的にラクです。というのもアパートでいう共有部がありませんから、敷地内の面倒を見なくていいのです。

草むしりなどもいりませんし、設備が壊れたとしても、意外に戸建の住民達というのは自分たちで直してしまいます。

集合住宅ですと、この場所を借りているという意識ですが、戸建の場合は一軒丸ごとなので、我が家のように住む人が多いからです。

そういう点が貸戸建て投資のメリットとされていますが、結局のところ地方では高い家賃で貸せませんし、逆に都内では貸戸建ての値段が高いため収支が合いません。

そのため、自分の戸建ての特徴を見極めて、インバウンドがいける立地であれば、旅行者向けに貸し出すのがおすすめです。

なにしろ地方の戸建てはある程度の広さがあっても、せいぜい5万円程度しか借り手がつかないのです。これをアパ宿として貸すことで、より大きな収益を得ることが可能です。

◇全世界から集客するノウハウ

民泊とアパ宿のもっとも大きな違いでいえば、アパ宿は旅館業簡易宿所の許可を取得します。

それにより、世界的に有名なホテル予約サイトに掲載ができます。すると、まず問い合わせが桁違いに増えます。

結局のところ民泊であれば、民泊サイトを通じての集客しかできませんが、旅館業の許可を取得することで、あらゆる媒体への掲載が可能となります。

民泊先生のコラムにて、詳しいところは解説しますが、旅館業はそこまで簡単には許可が下りませんし、コストもかかります。

しかし、投資目線でいえば、参入障壁が高いほどライバルが来ないというのも重要ポイントです。

今、不動産投資では、金融緩和の恩恵もあり、融資で１００パーセントを借りられる状況となっています。

いってみれば、昔に比べて簡単に始めることができるようになりました。

本来の昔の不動産投資は、知恵と工夫をもってして取り組んだものです。誰かに丸投げしておけば自動的に儲かる・・・そんな簡単ではありませんでした。

結局のところ、属性が良いか、お金があるか、なにかしら、やりとげるための原動力、やはりガッツがあるからこそ、入ってこれたのだと思います。

不動産投資についていえば、資金調達は容易ですが、不動産賃貸業で勝ち続けていくのが難しい状況となっています。私が提唱する世田谷・目黒といった強いブランド立地でなければ、将来性はありません。

しかし、視点を変えてアパ宿にすることで、対象が大きく広がるのです。

だからこそ、立地が重要になってきますし、サービスの質も問われます。つまり、自宅で民泊を行うような感覚とは別物になります。

今はたしかに民泊も流行っていますが、やはり多くの旅行客はホテルに宿泊します。また、ホテルサイトには、ホテルランクがありますから、旅行客が予算に合わせてランクの選択をします。

ファイブスターの高級ホテルもあれば、星ひとつのゲストハウスや民宿もあるのです。予約時点でそれを承知していますから、ゲストハウスに泊まって「ルームサービスがない！」とクレームを出すお客もいないでしょう。

その点からいえば、民泊に比べて、しっかり仕組みが整っていると感じます。

また同じアパ宿をホテルサイトと民泊サイトに掲載して比較したところ、民泊よりは明らかにホテルサイトのほうが値段が高く、申し込みの数も桁違いでした。

やはり宿泊者のパイが違うのでしょう。その代わり、ホテルサイトに掲載されている以上、許可を取得した「ホテル」と見なされますから、いい加減な対応はできません。

◎海外宿泊予約サイト
・「ブッキングドットコム」http://www.booking.com
・「エクスペディア」https://www.expedia.co.jp
・「トリバゴ」http://www.trivago.jp/
・「ホテルズドットコム」http://jp.hotels.com/
・「アゴダ」http://www.agoda.com/ja-jp

◇中古でも新築でもＯＫ、３タイプの「アパ宿」

ここでは、実際にアパ宿をタイプ別にご紹介します。

基本的には戸建てはやりやすいと思います。新築でもいいですし、築古物件も再生することが可能です。

また木造の集合住宅でも場所がよければ４世帯のアパ宿ができます。

今、京都でやるのは、４世帯型の新築アパ宿ですので、月の売上予定が１２０万円見込まれています。

その他にプランニングとしては戸建てリノベーション１世帯型と、戸建て新築２世帯型があります。

◎アパ宿３つのプラン

・戸建て１世帯型
・戸建て２世帯型
・簡易宿所複数型（集合住宅）

簡易宿所複数型は、最初から簡易宿所として新築を建てるだけではなく、中古の賃貸物件をコンバージョンすることもできます。

アパ宿投資を行ううえで、もっとも大事なことは用途地域と各行政のルールです。簡易宿所の営業許可ルールは行政によって変わってきます。

大前提として用途地域があり、旅館業が可能な地域なのか。

また、延床面積１００㎡以下か以上でも変わってきます。あとは需要がある立地かどうかです。

◎ホテル・旅館が建築可能な用途地域
・第一種住居地域（当該用途に供する部分が３０００㎡以下）
・第二種住居地域
・準住居地域
・近隣商業地域
・商業地域
・準工業地域

◇安く土地を購入する穴場エリアの探し方

浅草からはじまったアパ宿投資ですが、現在は京都を中心にたくさんのプロジェクトを立ち上げています。

そのどの土地も駅から数分で、近いところでは駅から1分足らずという好立地もあります。

日本は東京が突出して地価が高いですが、地方だからといって、どこも二束三文かといえば、そんなこともありません。地方とはいえ、立地が良ければ高いものです。

安い土地の探し方を説明するために、興味深い例をあげてみましょう。

2016年の新書大賞にも選ばれた『京都ぎらい』（井上章一著・朝日新書）をお読みになった方も多いかと思います。

京都市右京区の花園、嵯峨で生まれ育った著者による、裏から見た京都入門といった内容になっています。

由緒ある「洛中」（中心部）の京都人は、「洛外」を京都とは見ていません。私のような東京の人間から見れば、嵯峨だって「立派な京都」だと思うのですが、京都の街中、洛中で暮らす人から見れば、嵯峨は洛外。京都の周辺部の田舎で、京都扱いはされないらしいのです。

そういう言い方をすれば、東京でも江戸の中心となったのが、中央区、港区あたりだと言われますし、こういう話はどこにでもあるのかもしれません。

その価値観が土地によっては今でも息づいているということです。

おもしろいのは、京都は地価にも表れています。例えば、京都駅の北側と南側では同じ駅徒歩10分以内でも金額がまったく違います。やはり洛中の地価は高いのです。

観光客から見て魅力的な寺院と、その周辺の地価はまた別のものなのです。

京都の場合は歴史の古い街だけあって、その土地の来歴なども重視されます。

地元の人にとっては人気がない土地だとしても、観光客から見れば便利な立地ということはあります。

事実、私がアパ宿用に取得している土地はすべてアクセスに便利な土地ばかりです。京都に限らず、地方の新幹線駅は駅の片側だけが開発されていて、もう片側が取り残されてしまっていることはよくあります。

また地方ではＪＲ駅より私鉄の方が街が発展しているというケースもよく見られます。外国人旅行客がよく使うジャパン・レール・パス（詳細は第４章）は、ＪＲグループ６社が共同して提供するパスで、全国のＪＲが一部の除いて乗り放題です。そのためＪＲ線のアクセスの方が喜ばれます。

そのほか、土地や家を安く手に入れるには、「専用」ではない住宅地を狙うことです。住宅専用地域で旅館業を行うことはＮＧですが、第一種住居地域、第二種住居地域では、住宅地であってもアパ宿を行うことができます。

◇ホテル業者もハウスメーカーも目をつけない土地とは？

ホテル用地がないといわれる京都で行うアパ宿投資では、路地にあるような立地でも建てることができます。

京都の街は道が細くて、再建築不可もたくさんありますし、建築可能でも連棟住宅が多くて、間口が狭くて奥行がある、いわゆるウナギの寝床のような使いにくい土地が多いのです。

町家を思い浮かべていただければ、そういう形状をしていることがわかると思います。だから私は京都本来の建て方に合わせて、坪庭のついた建物をプランニングしています。

現代版町家をつくることで、京都の街並みにも貢献できるのではないでしょうか。土地の広さにしても、15坪から20坪程度になりますから、そういった狭い土地には普通のホテル業者は進出しません。

そもそもハウスメーカーの住宅も建てられないのです。というのも、ハウスメーカーのプレハブ住宅は敷地側に余裕がないと建てられません。

そのような事情もあり、京都は思いのほか地場の工務店が多いのです。小さい会社が沢山あります。

こういった建築には、やはり日本の在来工法が一番適しています。京都で長年経営している地元の工務店さんがしっかり建てます。

なお連棟住宅の壁を壊した場合、壊した側が両側の壁をつくってあげるのが京都の慣習です。最近それをしない人がいるらしく、揉めているという話も聞きます。

◇築古物件＋リノベーションで「アパ宿」再生

京都のアパ宿1号をご紹介します。京都駅から私鉄で約10分、駅から徒歩４分という立地にあります。

物件購入とリフォーム費用で、２５００万円かかりました。

築30年の戸建てですが、普通に貸し出せば家賃８万円のところ、アパ宿にすることで、50万円～60万円が見込めます。

その他、京町家をアパ宿にリフォーム中です。

京町家（きょうまちや、きょうちょうか）とは、京都市の定義で「1950年（昭和25年）以前に伝統的木造軸組工法で建てられた木造家屋」とされています。

一般的に敷地形状は、うなぎの寝床といわれるように間口に比べて奥行が長く、間取りには通り庭・続き間・坪庭・奥庭を保っているか、それらを過去に有していた建物を京町家と呼んでいます。

外観の特徴として、瓦屋根、大戸・格子戸、出格子、虫籠窓、土壁などが見られます。

また、都市住民が都市の中で高密度に住み、往来の人との交流やふれあいを前提として商い、生産する建物であるという性格上、その外壁は通りに面し、隣の建物とは近接し、軒を連ねているという特徴をもっています。

◇最大の魅力はアウトソーシングによる「不労所得化」

すでに所有している物件を使ってアパ宿投資を行うのであれば、家賃の5割増しでもいいでしょう。

5万円の家賃であれば、7万5000円もあれば良いという意識です。いってみれば、空き家でほったらかしにしておくより何倍もマシです。

このように今ある自分の物件を使う場合は、資産の有効利用ですから、そこそこでいいかも知れません。

それが、新規取得となれば話は別です。そこはビジネスとして冷静に考えてほしいと思います。

新規で自分が投資として考えるのであれば、どの地域で行うのかは大重要事項です。その場合は立地に徹底的にこだわりましょう。

旅館業ですから、本当に宿屋さんです。前提として、お客さんが来るところでなければ意味がありません。

だからそういう意識の切り替えが必要です。それをわけずに混同すると、大変なことになります。

アパ宿投資を実際にはじめるにあたって、オペレーションについてどうすればいいのか。これについてはコラムに詳細があります。

もちろん運営代行を依頼してもいいですし、自分でもできます。これは普通のアパートと同じです。

結局のところ不動産投資の最大の魅力は、アウトソーシングが整っているところです。自分がそんなに頑張らなくても回すことができます。同じようにアパ宿投資もできます。

今、私が手掛けているアパ宿投資は一棟購入することもできますが、手頃に５００万円から投資することも可能です。

アパ宿を共有名義で所有して、家賃収入ならぬ宿泊代金を得るというものです。

事業なので利回りという考え方はふさわしくないかもしれませんが、想定利回りは最低12%から20%という試算が出ています。

現在、京都で進めているアパ宿については、私が責任もって指揮をとっています。プランニングからオペレーションまでの仕組みはすでに整っていますので、そこも強みとなっています。

現在、23棟のプロジェクトが進行中で、すでに3棟がオープンしています。最新の進展を知りたい方は、私のブログを見ていただけたらと思います。

【「アパ宿」座談会・後編】日本の民泊はどこへ進むのか？

（座談会前編（P65）の続きとなります）

法整備が進まない理由は、国と自治体の温度差にある

白岩：日本の民泊の未来、どのようなスタイルで生き残っていくのか。そこが皆さんの気になるところだと思います。それには国と自治体の温度差という問題があります。国は外国人観光客を4000万人、6000万人と増やそうとしています。しかし自治体は最前線でクレームを受けるわけです。

三浦：自治体としては、やはり旅行客ではなくて住民を一番に考えます。今、住民たちは民泊に拒否反応を示しているから、自治体は法令を緩めたくない思いがあるのでしょう。やはりクレームが来たら、保健所や役所、警察も動かなければいけないから。

白岩：でも国としては、規制を緩和して増やしていきたい。観光産業を押していきたいのです。この乖離（かいり）はどうしようもない状況があります。

板垣：現状で、民泊を始めるにあたっては届け出制となっていますが、受付けているのは大田区だけですか？

三浦：各区がまだ調整中です。大田区ではメールでの届け出も可能ですが、そのかわり宿泊

日数の制限や、トラブルを対応する窓口を設けるように国からの通達があります。しかし、そういった詳細は、各自治体の要綱で変わってきます。台東区は民泊を認めないことになっています。

板垣：そうなのですね。その理由は？

三浦：それはわかりませんが、簡易宿所の許可も含めて、台東区は民泊に対して1番厳しくやっています。どちらにしても、特区の民泊条例については調整中のところが多くて、まだはっきりとしていない状況です。

白岩：それで、私的には「簡易宿所で法的にクリアしてやった方がいいのではないか」と結論付けました。

三浦：抱えている問題をクリアしたいのであれば、簡易宿所が早道だということですね。

簡易宿所というのは、従来の業態であれば民宿であったり、最近では賃貸住宅を転用した民泊もありますが、基本的には旅館業です。

白岩：やはり旅館業ともなれば、守るべきルールが多くあります。もちろんライバルも、それこそ一般のホテルや旅館です。でも簡易宿所であれば、知恵と工夫で勝負ができるのではないかと考えています。それが今、私が進めているアパ宿投資なのです。

三浦：人の家に泊まる・・・ではなくて、「宿に泊まる」わけですから、完全に事業者ですよね。

白岩：そこが前提です。意識をまず事業者に変えることです。たとえ1部屋でも2部屋でも、アパート経営のように受動的な経営ではなくて、能動的に戦っていくことが必要です。ただし、外国人旅行者のマーケットはどんどん増えていますから、少なくとも冷え込んだ賃貸マーケットよりは需要があるわけです。

板垣：ライバルが増えているといっても、伸びしろがあるだけ有利ですよね。新しい形の旅館として魅力があります。

白岩：不動産投資として、新規ではじめるのであれば、完全にお客さんが来るところだけを狙うべきです。それは東京・名古屋・京都・大阪・金沢・福岡・沖縄。いわゆる観光地の中でブランド立地です。

三浦：外国人旅行客の足ともいえるLCCは関空をはじめ、地方の空港で直行便を出しています。日本への入り口が静岡や茨城の空港であったり、様々な地域にバラけることで、必ずしも「東京が一番」になっていないのがインバウンドの特徴ですね。

白岩：不動産では東京への一極集中が顕著ですから、その点が大きな違いです。だからこそ、日本全国にチャンスがあるのです。

思わぬ場所が外国人を惹きつけている

板垣：そういえば、和歌山県が人気という記事を見ました。

白岩：和歌山には高野山、熊野古道があります。

板垣：関空からのアクセスが良いというのが一つの理由にあげられていました。欧米人には高野山などが人気ですが、アジア人はフルーツ狩りやマグロの解体ショー、それと温泉が人気だそうです。アジアと欧米では趣向が分かれてきていますね。

白岩：欧米人といえば、四国のお遍路に人気が集まっています。八十八カ所を歩いてまわる歩き遍路の旅は、舗装された道路だけでなく険しい山道もあり、延べ約1400kmの道のりを、それこそ一歩ずつ歩いて行きます。

1番から88番まで歩いて足の速い人で45日、遅い人で60日ぐらいかかるそうで、区切り打ちといって、何回に分けてまわることもできるので、そこがいいのかもしれません。

板垣：私が聞いたのは、スペインにも同じような巡礼をする習慣があります。有名なのはキリスト教の聖地であるスペインのサンティアゴ・デ・コンポステーラへの巡礼路ですが、あちらはスタートとゴールが違うようです。

しかし、日本の四国のお遍路の場合はスタートしたら、また元の場所に戻るではないですか。それが自分に変化が感じられて、すごく新鮮らしいのです。

白岩：それから、四国にはお遍路さんをもてなす「お接待」という伝統があります。昔から お遍路さんは白衣を着て歩いていると、周りの人から大事にしてもらえます。「お茶を飲んでいってね」「おにぎりを食べて」ともてなしてくれることに、感動するらしいですよ。

板垣：1回行ったら、「またもう1回まわりたい！」と切望する人がいるみたいです。

白岩：アメリカ人でお遍路を2周目の人がいましたね。きっとまた来るでしょう。

三浦：このように外国人旅行客に好まれている場所を見ていくと、人気を集めている場所が、必ずしもアクセスが良いとは限りません。

和歌山が関空からアクセスがいいといっても、すぐそばにあるわけではありませんし。公共の交通機関が整っていれば「アクセスが良い」と。それくらいの緩い判断基準に感じます。

白岩：賃貸経営の感覚からすれば駅から近い、その駅までのアクセスが重視されますが、外国人旅行客を対象にする限り、その道中の鉄道までも楽しむのが旅です。また、日本の交通機関は総じて時間がきっちりしていますから、他の国に比べて安心感があります。だから、アクセスについてはそこまで重視されないのかと思います。

板垣：わざわざそういった穴場のようなところに出向く楽しみもあるのでしょうね。

白岩：もし、所有している物件が地方にあるのなら、それは大きなチャンスですね。長らく空室になっている部屋が収益を生む可能性があります。

費用対効果を考えることです。都心の物件を借りるよりも、今ある親の実家の古い家を貸してもいいわけですよ。そのようなことだってできるのです。
もし、ご両親にやる気があれば、日本のおばあちゃんが手作りした田舎料理を振る舞っても、それが競争力になります。

板垣：たしかにそうですね。

白岩：逆にそこで過度なものを求める必要なんてありませんから。「この宿泊料金が年金よりも稼ぎますよ！」という話です。そこが田舎であれば、ことさら飾ることをしなくてもいいのですよ。
そういった自然の多い田舎へ観光に行く人たちは、普通の日本の暮らしぶりに触れたい想いがあるものです。それこそ高級ホテルには、泊まらない人たちだから。

板垣：それは昔からある田舎の民宿のイメージですね。スキー場や海水浴場にある民宿が、その季節以外は農家や漁師をしているような。

三浦：民宿も簡易宿所ですね。

白岩：民宿も農家が冬の間だけスキー宿を運営していました。海水浴なら漁師さんの家の2階が宿になっていたり。そのような意味合いにおいても昔からやってきていますから。
高度成長の恩恵を受けて国民の暮らしが豊かになり、余暇ができて旅行に繰り出す。それで旅館が足りなくて民宿を増やしたのです。当時は内需でしたが、今は外需というだけで、今の民泊の状況と同じことですよ。

三浦：その違いでいうと、日本の場合はGWやお盆など休暇の時期が集中しますが、外国人はオンシーズン、オフシーズンがあってもそこまで集中しないことではないでしょうか。

白岩：そうですね。普段はガラガラに空いていて、連休中は混雑して高い・・・というのが日本の宿ですが、外国人が泊まれば標準化していきます。

外国人旅行客からの評価は高い

白岩：一般的に外国人から見て日本のホテルに対しての評価は高いですね。チップのない文化でサービスが良いということが一因でしょうが、民泊に対しての評価も総じて高いようです。

三浦：私も経験がありますが、国によっては、写真とは別の部屋でトイレがなかったり。シャワーも水しか出ないなど、本当にそういうことがありますから。

板垣：それはインフラの問題ですか？

白岩：国民性もあると思いますよ。やはり日本はきちんとやりますすよ。

板垣：たしかに安い民泊で部屋が古くてインテリアがいまいちだとしても、設備としての最低ラインの水準は、ホテルとなんら変わりがありません。外注をしていれば、多少清掃も甘いところはあるかもしれませんが、宿泊するのに困ることはないですよね。

三浦：日本の民泊は、家電やアメニティもしっかり揃えていますし、その辺はきちんとしています。最低限、水洗トイレとお湯が出る風呂とエアコンが付いているわけですからね。というのも、基本的に民泊は賃貸の転用です。日本のアパートは、広さはともかく、インフラでいえば世界的にもレベルが高いですよ。

また、アジアの国では、家具家電を用意するのにかなり多額の費用がかかるようです。日本はその点、安く手に入りやすいというの

もあります。本当に安くしたいならヤフオクを使うなどの手もありますから。

白岩：インフラについてはそうですね。停電もほとんどないし、水道水が飲める。交通網もすごい。治安もいい。そんな国は本当に少ないと思います。

板垣：私は治安がいいことは大きな宝だと思います。

白岩：ベビーカーの赤ちゃん連れや、女の子が一人でも夜の繁華街を平気で歩けるのですよ。そんな国、他にないですよ。

アパート経営に未来はない？

白岩：話を戻せば、今あえてアパート持つのであれば、「こちらの方がいいでしょう！」という提案です。不動産投資は、すでにアパ宿の時代に突入しています。

板垣：田舎の家の有効活用ではなくて、新しく投資をはじめるにあたって・・・という話ですね。

白岩：そうですね。中古一棟マンションや新築一棟アパートを購入することが不動産投資と思われていますが、選択肢はそれだけではありません。新しく不動産投資をはじめるのであれば、「簡易宿所でもっと高稼働を狙いましょうよ！」ということです。この場合は、完全に勝てる土地だけを選んでやるのが鉄則です。

三浦：現状でAirbnbをはじめた民泊で、不動産投資をはじめている人もいますが、競争も締め付けも激しくなっていますから、その点でも合法な簡易宿所を選択する意味があると思います。

普通のアパートに見えても簡易宿所というのはあります。民宿にしてもそうですが、そこまで見た目に凝っていない宿は多いです。それでも簡易宿所にすることにより旅館になるわけです。すると集客方法も一気に変わりますね。そこの部分が一番の強みになると思います。

白岩：その通りですね。Airbnbはあくまで一つの集客媒体にすぎないのがよくわかります。

板垣：集客媒体というのは、ホテルサイトですね。

三浦：営業許可をとることによって、あらゆるホテルサイトで集客できます。Airbnbも世界に向けて簡単に集客ができる仕組みが整っていますが、なんといっても複数サイトで集客できるのが強みです。レビューも各国から入っていますし、Airbnbと違って、メールやりとりの手間が一切ありません。

もちろん、メリットだけではありません。大きな差でいうとAirbnbは、ホストがゲストを選べるのです。これが旅館業になるとゲストを選んではいけません。旅館業の法律でお客さんを拒めないのです。これが最も大きな違いでしょう。そこは承知しなくてはいけません。

板垣：Airbnbでも「今すぐ予約」という即時予約システムがありますから、ゲストを選ばないホストも多いです。

白岩：大きな違いは他にもあります。民泊とホテルでは、客単価が違います。おそらく同じ部屋でも4～5割は高いですね。どちらにしても、チャンスは日本全国にあるのですから、自分に合ったやり方で行ったらいいと思います。

　ただし、既存の建物を使う場合と、新規で投資する場合は初期コストが変わりますから、そこはしっかり分けて考えなくてはいけません。それに、どのようなケースであっても事業者としての意識を持つことが大切です。

板垣：今ある物件の有効利用から、新しい投資まで選択の幅が広くあるのですね。

白岩：日本の普通賃貸に比べれば、たくさんのお客さんがいます。集客の仕組みにしても、賃貸の入居募集よりも、ホテル集客の方が強いのです。いくら空室をたくさんのポータルサイトに掲載したとしても、即日で申込みが入るなんてことはそうそうありません。でも、それはホテルサイトでは当たり前にあることですから。

三浦：たしかにそうですね。

白岩：そうですよ。今、大家さんは空室で困っているし、管理会社も困っています。だから、発想を切り替えて、アパートをアパ宿にすることで、お客さんが呼べれば、希望が持てるわけです。

板垣：本当は、もう少し合法的な民泊が簡単にできるのであれば。それこそ、地方のお祭りのときだけ民泊することもできますよね。私の地元である静岡県の浜松市ではGWに

「浜松祭り」という大きなお祭りがあるのですが、もっと盛り上がってもいいと思うのです。

白岩：お祭りへの参加権と法被とちょうちん、アテンドもつけて、宿とセットでパッケージにしたら受けそうです。

板垣：浜松祭りの凧揚げに、激練、屋台鑑賞、最後にウナギですね。それこそ「振る舞い」といって、練の参加者に対して、お酒や食べ物が振る舞われます。旅行客なら誰でも珍しいし楽しいと思います。

白岩：そう考えると浜松市だけでなく、地方都市は海外への情報発信が下手な印象があります。そもそも日本全国にはたくさんのお祭りがあります。それも大きな観光資源です。この前の三社祭でも相当来ていました。神輿の前で法被をきて写真を撮らせてあげたり、サービスが良かったですね。

板垣：リオのカーニバルと同じですね。リピーターはどんどん、マニアックなところに行くのは確かですから、日本のお祭りはニーズに合っていますよね。

外国人旅行客に向けた「アパ宿」で勝ち続ける

白岩：そもそも日本はインフラが優れていますし、少なくとも泊まる部屋で、暑すぎたり寒すぎたりといった不便、もしくは治安に不安がありません。観光地としての魅力でいえば、都会だけでなく日本全国に観光資源があります。

板垣：そういった日本にくる外国人旅行客に対して、快適な宿の提供ですね。私の考えでは、そこにプラス、デザインが入れば、大きな強みになります。競争力が出ますし、なにより差が付きやすいですよね。

白岩：写真写りは大切ですね。

板垣：ただし、日本のワビサビの文化では、色彩が強くないものも好まれますが、外国人には、はっきりとした原色系の受けがいいと思います。伏見稲荷の千本鳥居が受けるのは、鮮やかな朱色だからではないでしょうか。

日本人は曖昧さも好みますが、これが外人には理解できにくい。敢えてそこを、日本人なら「え？」って思うくらいの方が、外国人には受けますよ。

白岩：映画でいうと、『キル・ビル』の世界でしょうか。意外とはっきりした鮮やかな色を好まれるようですね。

板垣：和といっても、完璧に和ではなくて外国人に向けた「和」ですね。そうすることで差をつけていきます。あとは日本文化に触れる機会ですね。そのためには布団はキラーアイテムだと思います。

いってみれば、もっとも手を入れやすいのは見た目の部分だから工夫がしやすいのです。私は民泊のブームから、ずっと見て来ているので強みがあります。消費者動向ではないけれどニーズがわかります。民泊の代行会社の人たちにいろいろ聞いて、外国人が何を求めて日本にやって来るのかを常にリサーチしています。

白岩：もちろん、デザインも大切ですが、一番に考えるのは立地です。そば屋、パン屋、洋服屋。アパート屋とあるのです。今度は宿屋ですから。繰り返しになりますが、ビジネスするのに、お客がいないところに店を出してはいけません。

三浦：たしかにその通りです。それから、民泊に関しては皆さん「おもてなし」の接客のほうに走る傾向が多いです。お客さんが来てから、「どのようなことをしようか？」と考えて動いている人が多いですが、やはり、もっとも大事なのは集客。そのためには簡易宿所を取って間口を広げていくこと。

板垣：たしかに来てくれたお客さんに対して「何かしてあげよう！」と考えがちですね。そうではなくて、そもそもたくさん来るような仕組みを作るということですね。

三浦：その通りです。集客を忘れてはいけません。現状でいえば、集客を取るためには、やはり簡易宿所を取るのがベストですね。現状ではそれが唯一無二の方法です。

白岩：当たり前のことですが、人が来る場所で行うことで、人は集めやすくなります。やはり、簡易宿所の許可を受けて真っ白に運営していれば堂々とできます。

三浦：簡易宿所は何と言っても営業許可がありますから強いです。

白岩：観光はすでに世界の産業です。日本にしても、もっとも力を入れてやるのは観光業しかないのですよ。少なくとも日本がここまで人口が減ってきて、これだけ空き家が余っているのだから、やらない手はないでしょう。アパ宿投資で成功していきましょう！

〈座談会後編　終〉

おわりに

本書を最後までお読みいただきまして、ありがとうございます。

今、私やアパ宿勉強会の事務局スタッフは、東京、京都を頻繁に行き来しています(設計チーム、オペレーションチームは現地に常駐しています)。

私も先週まで京都へ行ってました。いつもは新幹線ですが、今回は車で行きまして、久しぶりに思い切り運転した感があります。

京都では現場まわりと物件調査に行きました。現場は新築、リフォームとも順調に工事が進んでいて、とてもいい感じになっています。

この原稿を執筆している時点では、京都のアパ宿1号の稼働まで、あと少し、というところです。本書が発売される頃には無事開業していることでしょう。

それにしても、相変わらず京都の外国人旅行客の多さには圧倒されます。

今回は奈良にも足を延ばし、奈良公園の鹿を見たり東大寺にも行きました。やはり外国人旅行者は沢山いまして、京都とまた違う雰囲気でまったりと過ごすことができます。

東京に暮らしていて、ここ数年の外国人旅行客の多さに驚いていますが、近畿圏はそれに輪をかけて、たくさんの人々が訪れています。

そもそも国内でもトップの人気観光地だったところへ、さらに外国人が訪れているのですから、この過熱状態も当然なのかもしれません。

「人が住む」において、人を集めるパワーがある地域は、東京に一極集中していますが、「人が訪れる」ことでいえば、関西は負けていません。

このように観光資源としての日本は、全国各地にポテンシャルを秘めているのです。新築はもちろんのこと、長年空き家だったボロ家が、空室が続くアパートが、魅力的に甦り、お金を生み出すのです。

新しい不動産投資のかたち、アパ宿投資にご期待ください。

これは私の不動産投資人生の集大成になります。

平成28年6月

白岩　貢

・著者プロフィール

白岩 貢（しらいわ みつぐ）

1959年、世田谷で工務店経営者の次男として生まれる。

世田谷にて珈琲専門店を経営していたが、株式投資の信用取引に手を出してバブル崩壊と共に人生も崩壊。夜逃げ、離婚、自己破産を経てタクシー運転手になり、その後、土地の相続を受けて本格的にアパート経営に乗り出す。

60室の大家でありながら本業の傍ら不動産投資アドバイザーとして、その時代に合ったアパートづくりを累計250棟サポートしている。現在は、京都・浅草を中心とした日本のブランド立地で徹底して建物にこだわった「アパ宿」を展開中。著作に「アパート投資の王道」（ダイヤモンド社）、「親の家で金持ちになる方法」（アスペクト）、「新築アパート投資の原点」「親のボロ家から笑顔の家賃収入を得る方法(共にごま書房新社）ほか計8冊。

■著者HP　http://shiraiwamitsugu.com/
■著者ブログ　http://blog.livedoor.jp/mitsugu217/

投資額500万円、利回り10%超え、ほったらかしの“アパ宿”投資

著　者　白岩 貢
発行者　池田 雅行
発行所　株式会社 ごま書房新社
〒101-0031
東京都千代田区東神田1-5-5
マルキビル7F
TEL 03-3865-8641（代）
FAX 03-3865-8643
カバーデザイン　堀川 もと恵（@magimo創作所）
編集協力　布施 ゆき
印刷・製本　精文堂印刷株式会社

ISBN978-4-341-08642-8 C0034

ごま書房新社の本

〜空き家820万戸時代に、大切な家や土地を守る知恵〜

親のボロ家から
笑顔の家賃収入を得る方法

兼業大家 **白岩 貢** 著

過去最高の全国820万戸空き家時代！
いまそこにある危機からの不動産処世術。

【空地、空き家をプラスの資産に！空室対策も視野に入れた幅広い不動産逆転術！】
泥沼の兄弟間・相続争い、"7人の国税調査官との闘い"を経験。どん底から"カリスマ大家さん"を経て、新築アパートを155棟サポートした白岩貢が出したリアルな相続問題解決策を紹介。相続や空き家の苦労は大家さんなら誰もが必ず直面する問題です。経験からひとつ言えることは、その対策が早いほどヤケドは軽傷で済むということです。

本体1550円＋税　四六版　220頁　ISBN978-4-341-08606-0　C0034